***

CONVERSACIONES CON GASTÓN BAQUERO

Felipe Lázaro

Felipe Lázaro

CONVERSACIONES CON GASTÓN BAQUERO

Prólogo de Alfredo Pérez Alencart
Prefacio de Jorge Luis Arcos
Epílogo de León de la Hoz

editorial **BETANIA**
Colección PALABRA VIVA

Colección PALABRA VIVA
Coedición con la Asociación Cultural Gastón Baquero

1ª edición: 1987.
2ª edición (aumentada): 1994.
3ª edición especial (digital y gratuita): 2012.
4ª edición (Centenario): 2014.
5ª edición: 2019.

Portada: *Flora Nº 23,* de René Portocarrero

Editorial BETANIA.
Apartado de Correos 50.767
Madrid 28080 España
E-mail: editorialbetania@gmail.com
Blog EBETANIA: http://ebetania.wordpress.com

I.S.B.N.: 978-84-8017-318-6.

A los poetas que llegan y seguirán llegando. A los muchachos y muchachas nacidos con pasión por la poesía en cualquier sitio de la plural geografía de Cuba, la de dentro de la Isla y la de fuera de ella.

Gastón Baquero

Un mundo apalabrado

(o *Gastón contestando a Felipe*)

Tres sugerencias al Lector, seguido de un abrazo envolvente.

I

No se fíe de Gastón Baquero. ¿Cómo va usted a fiarse de un desconocido que va por ahí anteponiendo minas a sus propios pasos? ¡Habráse visto tal desparpajo, tal advertir de engañosa habladuría! Valoremos su principal proclamación: "Yo soy el mentiroso que siempre dice la verdad". ¿Será que hay que mentir siempre con la verdad, aunque te elogien? ¿Acaso no es posible mentir solo con mentiras elementales, como se nos ha acostumbrado?

Conozco a este mulato-niño-anciano que garabatea en las arenas y, por ello, puedo certificar que sabe mentir con poderosa Verdad. Nada más escucharle, de inmediato entro en sospechas. Repasemos una esquirla, entresacada de la conversa (o plato de fondo) plagada de resurrecciones. Por ejemplo, cuando trata de la estancia habanera de algunos intelectuales españoles, exiliados: "La conducta de los catedráticos y autoridades de la Universidad de La Habana para con estos maestros –María Zambrano, José Gaos, Ots Capdequí, Xirau, Ferrater, y tantos otros maestros genuinos– fue una verdadera vergüenza, además, recubierta de una capa de hipocresía casi diabólica. Se les ofreció unas conferencias, algún cursillo muy breve, alguna velada literaria, etcétera…, pero no se les dio cátedras, no se les ligó fuertemente a la Universidad, como era lo debido, y lo que convenía más, no a ellos, sino a la cultura cubana".

Mentir así resulta nocivo, pues permite el brote de Verdades que no siempre coinciden con chácharas barnizadas de la realidad.

II

No se fíe de Felipe Lázaro. ¿Cómo puede usted fiarse de un poeta que, no necesitando de ningún otro escriba, ha ido pidiendo prólogos y epílogos para adjuntar a las dos entrevistas que hiciera al pobre señor (gordo y herido) de la calle Antonio Acuña? Se lo aseguro: ¡No se fíe de él, pues le contagiará el Mal de la Fraternidad! Años y años preservando una Amistad a prueba de silencios oficiales, de desdenes (aparentes) ante una obra que sobresale en el orbe poético del idioma castellano. Años compartiendo abrazos con otros baquerianos. Años ofreciendo conferencias o publicando artículos que, en 2001, se vistieron de libro, con nombre y apellidos, *Gastón Baquero: La invención de lo cotidiano.*

Sentir así, como siente el muchachón de Güines por el maestro de Banes, es desportillar el espejo de la ausencia; es pre-sentir la intención profunda del Espíritu que se ancla en versos visibles o invisibles.

III

No se fíe de mí, pero tampoco de José Olivio Jiménez, Pío E. Serrano, Efraín Rodríguez Santana, Juan Gustavo Cobo Borda, José Prats Sariol, Pedro Shimose, Bladimir Zamora, Jorge Luis Arcos y León de la Hoz. Todos hemos pergeñado notas parcializadas, sea para ésta o para ediciones precedentes. No se fíe de nosotros, pues aunque algunos no seamos cubanos (hay quien muestra bandera colombiana, peruana o boliviana), lo que sí es cierto es que en preámbulos o colofones encontrará parcialismos evidentes. A modo de descargo, me pregunto, ¿cómo se puede ser imparcial ante la grandeza poética de Gastón Baquero? O también: ¿Cómo ser imparcial con ante la querencia publicista y recordatoria de Felipe Lázaro?

En tal sentido, apreciado lector, si le desapasiona la Vidaimán de un Poeta que revoluciona con su galopante imaginación, ruego desista del empeño de cansar su vista, ahora que a tiempo está.

Parcialismos como el mío sólo pueden darse cuando de por medio coexiste un Poeta de tres Mundos que va diciendo, una y otra vez: "Vuelve, vuelve a soñar, inventa las precisas realidades". ¡Ay, Dios, cómo no perdonar las samaritanas mentiras de tu querido bufón, del mismo que honra tu cruz mejor que cualquier pontífice venido a menos!

$$* * *$$

Un abrazo envolvente

Al principio anoté, sin error y en tiempo presente, un rotundo "conozco". Y es que, tratándose de Gastón, no admito el mordisco de ningún duelo: hay espíritus que tocan el hombro del más incrédulo, que no es mi caso. Y así, cual paloma que a cada rato vuela ante mis ojos, así veo a Baquero, patrullando más allá del crepúsculo, pues bien sé que no reconoce soles caídos ni se presta al cotilleo de enormes pequeñeces.

De nuevo aplaudo su voz re-nacida.

Gastón, tan renuente a entrevistas y demás escarbaduras, sigue claudicando ante el afecto o insistencia de Lázaro. Ambos destilando cubanía, apalabrando los tiempos de su mundo; ambos exiliados por partida doble, lagrimeando sin que otros lo perciban; ambos…

Desde el asombro oigo una voz que no pasa y veo una carne boreal donde se posan mariposas y cocuyos para celebrar un nuevo viaje hasta la cegadora estrella.

Asumo su mundo y, tiernamente, los abrazo.

Alfredo Pérez Alencart
Marzo y en Tejares (2012)

Alfredo Pérez Alencart (Perú, 1962). Poeta, ensayista y periodista. Desde 1987 ejerce como profesor de Derecho del Trabajo en la Universidad de Salamanca. Desde hace unos años, es coordinador de los Encuentro de Poetas Iberoamericanos que anualmente organiza la Fundación Salamanca Ciudad de Cultura. Autor de diez poemarios, siendo el más reciente *Cartografía de las revelaciones* (2011).

Baquero o del viajero eterno

también tú eres el huésped y serás la alegría

G. B.

La poesía de Gastón Baquero, sobre la que escribí hace ya algunos años un largo ensayo, "Gastón Baquero o la poesía en el jardín de la muerte", y, más recientemente, otro más breve, "Baquero y la muerte", ha despertado siempre en mí reminiscencias turbadoras, como que suelen permanecer ocultas en el pozo sagrado de la infancia. Es la memoria íntima y lejana de las preguntas verdaderas, o la *pregunta* primordial, la incertidumbre ante el misterio de la vida, que entonces se sentía como algo natural (natural en su *extrañeza*), y, sobre todo, ante la inexplicable muerte. ¿No es la muerte el verdadero tema de la vida?, parece indicarnos siempre la poesía de Baquero, aun en aquellos poemas donde aparentemente está ausente. Su recurrencia explícita es poderosísima. *Poética de la muerte*, grave, severa, profunda, que no implica, antes bien la supone, la no afirmación, a veces desesperada pero otras muchas veces afirmación desaforada, sensualísima incluso, de la vida. Siempre me conmovió y me intrigó mucho aquella anécdota que cuenta Cintio en *Lo cubano en la poesía*: "*Bajando las escalinatas de la Universidad, recuerdo que me dijo Gastón por aquellos años, una mañana de otoño: morir no es nada, ahora mismo puedo haber muerto y no sentir ninguna diferencia; tengo la sensación de que puedo pasar de la vida a la muerte con una familiaridad mágica, sin esfuerzo, sin percibirlo apenas*". No exagero acaso si digo que un poeta puede medirse por su manera, siempre singular, irrepetible, de resolver este tema primigenio. Baquero lo enfrentó desde muchos ángulos, lo asedió de muchas maneras diferentes, pero creo que su certidumbre más profunda la halló en su confianza en la disolución o reintegración en la materia original, ya fuera el *humus* oscuro de la tierra –de donde nacen sus inquietantes y enigmáticas rosas- o en las lejanas estrellas. Esa confianza, mediada por su honda religiosidad, hizo que el poeta dotara siempre a las manifestaciones de la vida -*rosas*, *peces*, *palomas*, *árboles*, *estrellas*, o, en fin, a los elementos primordiales: luz, tierra, agua, aire- de una dinámica espiritualidad, pero, a la vez, de una como enorme nostalgia: nostalgia de Dios, o nostalgia de su esencia intacta, original y eterna (*"es el pasado intacto en que perdura / el cielo de mi infancia destruida"*, dice en "Soneto a las palomas de mi madre"). Por eso su poesía tiene siempre ese aire elegíaco, incluso en aquellos poemas más lúdicros. Mas esas confianzas, esas certidumbres, o, tal vez sería mejor decir, esas furiosas esperanzas, no eximen al poeta de su inexorable *procesión* por la vida; de ese "conocimiento doloroso", como le llamara Martí; de la vivencia de ese espacio-tiempo donde las *formas* -"el sueño de las formas", le llamó Cintio- se manifiestan como usurpando un tiempo, un lugar, como si nacer fuera una injusticia, como creyó el antiguo griego. Como si las formas padecieran siempre una existencia marginal, clandestina, también invisible -y fueran, sin embargo, una *fiesta*, agregaría *otro* simultáneo Baquero: el niño, el ingenuo, el inocente que, a la vez, albergó siempre dentro de sí. Comentábamos una tarde, César López, Enrique Saínz, Efraín Rodríguez y yo, cómo Baquero padeció las cuatro o cinco *parcas*: era pobre, mulato, homosexual, provinciano y, como por añadidura, poeta, y después padeció una sexta: la del exiliado. Pero el poeta, en cierto sentido, ¿no es todas esas cosas, *siempre*, y muchas *más*?. Entonces el poeta da testimonio de su insondable temporalidad, y es siempre el huérfano, el hijo errante (*¿de la mar?*) -el eterno niño de su poesía-, el peregrino, el huésped, el forastero, el exiliado, el pobre, el mendigo, el viajero incesante -y el viajero es el que hace el *tránsito*, el que *transita*-, el inocente, el que escribe en la arena el testimonio fugitivo e imperecedero de la poesía, como si la belleza solo pudiera existir a costa de desaparecer; más: como si la belleza de las formas en la luz fuera el testimonio rapidísimo de *otra* Belleza eterna, invisible. Por eso el poeta es como el guardián de ese misterio profundo -tal en su poema "El río", por ejemplo-; pero es también el que padece como un desamparo, una orfandad cósmica (*"la orfandad del planeta / en la siniestra llanura del universo"*) -el conocimiento tiene *ese* precio, también-, y de ahí su profundo *pathos* vallejiano, chaplinesco incluso -tal en su conmovedor "Con Vallejo en París -mientras llueve" (suerte de alter-ego suyo)-; en su desolado, "El viajero" (*"Silbar en la oscuridad para vencer el miedo es lo que nos queda"*); en ese poema tan inquietante, tan extraño, tan turbador, "El viento en Trieste decía"; o en las desesperadas preguntas de Paolo al hechicero, del poeta a su ¿indiferente? Creador. Ese como nihilismo profundo, que no llega a albergar esperanzas ni siquiera –y repárese en que Baquero fue un hondo creyente- después de la muerte, como se aprecia en su poema "El huésped", fue el reverso de su zona luminosa, prístina, matinal, lúdicra incluso. Baquero tuvo, pues, los dos tonos absolutos, los dos eternos registros: el de la Muerte y el de la Vida, y una zona como intermedia, transitoria, existencial, el del viajero incesante entre esos dos reinos intercambiables, que puede entonces, siempre, despedirse así de nosotros:

Volveremos
de nuevo
a decirnos
adiós.

Jorge Luis Arcos

Jorge Luís Arcos (La Habana, 1956). Poeta y ensayista cubano. Doctor por la Universidad Complutense y Licenciado en Lengua y Literatura Hispánica por la Universidad de La Habana. En Cuba fue profesor en el Instituto Superior de Arte y en la Universidad de La Habana. Dirigió la revista *Unión*, de la UNEAC y fue Director de la Cátedra de Estudios Iberoamericanos José Lezama Lima de la Fundación Pablo Milanés. Después de residir varios años en España, actualmente es Profesor Adjunto de Literatura Latinoamericana y Española en la Universidad de Río Negro en San Carlos de Bariloche, Argentina. Es autor de numerosos libros de poesía y de ensayos, siendo su más reciente título: *Kaleidoscopio. La poética de Lorenzo García Vega* (2012).

Una introducción digital
(que sirve para esta edición impresa)

He decidido volver a editar estas *Conversaciones con Gastón Baquero*, no solo en papel, sino -por primera vez- en su versión digital, con la esperanza de que este nuevo formato electrónico contribuya, aún más, a una mayor difusión de estos textos conversacionales, sobre todo, dirigido a los usuarios y lectores de las redes sociales.

Desde la primera edición en 1987, pasando por la segunda versión aumentada de 1994 y la publicación de varias entrevistas de diversos autores en 1998, todas en papel, han transcurrido casi tres décadas de divulgación de estos tres libros editados de forma convencional y que se han ido agotando con el tiempo.

Esa es la razón principal de esta edición electrónica (*ebook*), que precede a la impresa, y que, sin lugar a dudas, multiplicará las posibilidades de divulgación de estas conversaciones, de estos intercambios amistosos, siempre afectuosos y fundados en el respeto mutuo, que jamás pretendieron otra cosa que darle voz al poeta cubano Gastón Baquero (Banes, 1914 – Madrid, 1997) y de esa forma publicitar o promover su poesía, en momentos aquellos que apenas se le reconocía ni dentro ni fuera de su Isla.

El autor de *Memorial de un testigo* (Madrid, 1966), poemario esencial en la lírica baqueriana, discurre en estas páginas con la sinceridad que le caracterizaba y con sus verdades a borbotones, donde la sensibilidad poética del caribeño desborda todo tema o temática preguntada y se nos aparece como una de las grandes voces de la literatura hispanoamericana del pasado siglo XX.

Esta vez, he invitado a tres entrañables amigos para que nos acompañen en esta nueva iniciativa de editar estas conversaciones por tercera vez. En esta entrega, nuestro coloquio con Gastón, va precedido por las palabras iniciales del poeta Alfredo Pérez Alencart, *nuestro hombre* en Salamanca (como le llamamos los cubanos agradecidos a este peruano universal). También sumo, a esta reciente andadura literaria, a dos reconocidos poetas cubanos: Jorge Luís Arcos y León de Hoz, que juntan sus palabras a las nuestras, a nuestra platica, con la esperanza de que la voz de Gastón Baquero llegue -al menos, por vía digital- a nuestra siempre recordada Isla y esta charla, iniciada en 1987 y aumentada en 1994, pueda circular libremente en la sociedad cubana actual y, sobre todo, para que lo puedan leer las futuras generaciones cubanas como un testimonio más de este ya prolongado e interminable exilio.

Finalmente, dedico estas páginas de diálogo fraterno, de Maestro y discípulo, de amigos y compatriotas, a los jóvenes de todo el mundo para que conozcan a uno de los poetas esenciales de todos los tiempos y, sobre todo, a la juventud cubana, de hoy y de mañana, residan dentro o fuera de Cuba, pues Gastón Baquero no solo es el más vivo ejemplo de cubanidad, sino que su rotunda trayectoria literaria (como poeta, ensayista y periodista) siempre estuvo al servicio de la cultura hispánica y de su obra se desprende una impronta universal.

Convertido así, definitivamente en Maestro, por su visión global de todo hecho cultural, Baquero ha trascendido como literato y ya es hoy un faro que ilumina con sus versos y su prosa, que plasmaron el amor a todo lo cotidiano que importa al hombre. Transparente y ejemplar puente por donde debe transitar todo posible derrotero que nos recuerde su mayor anhelo:

descubrir el sendero que lo lleve / a hundirse para siempre en las estrellas.

Felipe Lázaro
Escalona, julio (2012).

Palabras para esta 5ª edición

Unas breves letras para acompañar la 5ª edición de estas *Conversaciones con Gastón Baquero* (Betania 2019).

Sobre todo, agradecer a los poetas que se sumaron a este proyecto con sus textos de apoyo, como: León de la Hoz, Alfredo Pérez Alencart y Jorge Luis Arcos.

Espero que esta nueva publicación logre una mayor difusión y sirva, una vez más, para divulgar la trayectoria literaria del Maestro Gastón Baquero, fallecido en su exilio madrileño el 15 de mayo de 1997.

Felipe Lázaro
Escalona, enero (2019).

CONVERSACIONES CON GASTÓN BAQUERO

Gastón Baquero, por Jesse Fernández

Primera Conversación, 1987

Felipe Lázaro

CONVERSACION
CON GASTON BAQUERO

PORTOCARRERO
68

BETANIA

Portada de la primera edición de *Conversación con Gastón Baquero* (1987).

–Visitar la casa de Gastón Baquero, en la madrileña calle de Antonio Acuña, es como acercarse a una prolongación de Cuba en España, donde los retratos de José Martí acompañan a los de Rilke y Whitman, mientras las paredes desaparecen repletas de estanterías de libros, que son su cotidiana obsesión, sumergido constantemente en sus interminables lecturas. ¿Cómo influyó en tu formación y vida literaria el haber nacido en un pueblo como Banes, más en contacto con la naturaleza, el campo, los cultivos y tu posterior descubrimiento de La Habana, más cercana de lo foráneo, de la influencia extranjera?[1]

–Mi pueblo natal no era exactamente un pueblo campesino con predominio de lo rural sobre lo urbano. Por la presencia allí, desde el año 2, de la United Fruit Company (seamos justos, mal que moleste) *la calidad de vida* de ese pueblo, que presumía de haber sido la capital indígena de Cuba, Baní, era deseada y envidiada por muchos otros pueblos del contorno.

Una de las consecuencias o razones de *esa calidad de vida* era la abundancia de las escuelas públicas y privadas. Hasta los que por razón de pésima condición económica no asistíamos a la escuela a la edad conveniente conocíamos de la fama de los maestros y maestras, caracterizados casi todos ellos por el amor a los versos y por el hábito de decir poesías, en el aula o en a tribuna patriótica, en el café o en las reuniones familiares.

Tengo de esto una memoria tan viva que ahora mismo puedo recitar sin tropiezo tiradas enormes de los poetas más

1 Las dos preguntas iniciales de la primera conversación fueron publicadas en la revista literaria *La Burbuja* (Madrid, N° 5-6, 1985), bajo el título "La rosa oculta en la yaciente rosa", y las ocho restantes en *El Gato Tuerto* (San francisco, N° 7, 1987), como "Conversación con Gastón Baquero". Título que se mantuvo en la primera edición del libro *Conversación con Gastón Baquero* (Betania, 1987) que reunió las diez primeras preguntas. En 1994 se publicó una segunda edición –aumentada y revisada- con ocho nuevas preguntas, un prólogo del poeta y crítico colombiano Juan Gustavo Cobo Borda y un epílogo del crítico y escritor cubano José Prats Sariol.

difundidos hacia los años veinte. En mi casa natal estaba representada la inquietud cultural del pueblo por el amor casi enfermizo de las mujeres por la lectura de poemas románticos (Darío, Silva, Nervo, etc) y de novelas populares (M. Delly, Carolina Invernizio, Alejandro Dumas, Vargas Vila, Elinor Glynn, Maryan, ¡lo que fuera con tal que hiciera llorar!) y por la ansiedad de una joven tía mía por copiar y aprenderse cuanto poema llegaba a su conocimiento. Era moda tener cada muchacha una libreta, un libretón, donde ella y sus amigas y amigos escribían poemas, esforzándose en la caligrafía muy cuidada.

Me veo de muy niño, sin haber aprendido del todo a leer, con una libretas de ésas en las manos, leyéndole en voz alta poemas a la tía, para que los fuese pasando a la libreta suya. Poemas de Darío, de Nervo, de Díaz Mirón, de Heredia, de Zenea, de Martí, de Manuel Acuña, de Silva, de Julio Flórez... Esto, se afirma, deja huella. Cuando me reprocho el énfasis, lo oratorio, lo demasiado elocuente a veces que hay en los poemas que escribo, me consuelo pensando que no sólo he nacido en el Trópico, en el retumbante mundo antillano, sino que además entré en el mundo de la poesía arrastrado por unas melodías que eran más bien sonsonete y trompetería, énfasis y sentimentalismo sin límites.

No guardo memoria de cuándo comencé a escribir, en secreto, naturalmente, enseñándole únicamente a la tía de los poemas aquellas cosillas. Tendría once o doce años – antes de ir para la capital- cuando mi confidente y guía me dijo: "Vamos a copiar eso en la libreta grande, porque me ha gustado mucho. Léemelo despacio". Y desarrugando un pequeño papel que estrujaba entre las manos, muy avergonzado y titubeante, leí para ella lo que había escrito sin saber bien por qué:

EL PARQUE

El parque de mi pueblo tiene
cuatro laureles y el busto de un patriota.

Cuando la tarde es hecha una lumbre tranquila,
arriban silenciosa las ancianas.[2]

La tarde es lo más bello de este pueblo,
y son tristes sus noches,

cuando el parque se queda desolado,
con sus cuatro laureles y el busto de un patriota.

El parque y los laureles eran literales, pero las ancianas me las inventé. Veía el cuadro completo, no cómo era exactamente, *sino como yo quería que fuese*. Instintivamente, había comenzado ya a *arreglar el mundo*, a poner en el escenario lo que yo quería que estuviese allí y no lo que en realidad estaba allí. Si es cierto aquello de que "el niño es padre del hombre", en mi caso se confirma. Se es de mayor lo que se fue de niño, sólo que ampliado, deteriorado, echado a perder.

Sí. La poesía fue siempre para mí, y sigue siéndolo, un instrumento, una herramienta con la que se puede, o bien conocer a fondo el mundo que nos rodea, o bien rehacer y construir a nuestro antojo ese mundo. Me llega a la memoria, en este momento, como una visita inesperada, otro ejemplo de mi instintiva tendencia a *reformar* la realidad. Pasaba un río por el centro del pueblo. Era un río con la me-

---

2 En la primera edición (1987), este verso se lee: / acuden silenciosas las ancianas./ y en la segunda edición (1994), Gastón Baquero lo cambia por: / arriban silenciosas las ancianas./ , por lo que así apareció también en las *Entrevistas a Gastón Baquero* (Betania, 1998) y, por ello, lo mantenemos en la presente edición digital.

nor cantidad posible de río que se haya visto, pero hablábamos de él como de alguien que de tiempo podía dar la sorpresa de convertirse caudaloso y peligrosísimo. La verdad es que queríamos los muchachos tener un río importante y magnificábamos aquel hilillo de agua verdosa.

Los psicoanalistas dirán por qué soñé una noche que se había ahogado en el río una amiga pequeña, la más bonita del pueblo, la que en la iglesia escogían para vestirla de ángel el Domingo de Resurrección. El sueño me impresionó y quise contárselo a mi público, que era mi tía. Y a lo que escribí le puse encima el título de "Elegía", porque la palabra me gustaba y sabía ya que se trataba de muerte. Aquí está cómo transformé, teniendo trece años como mucho, el sueño que había tenido:

A la niña que ha muerto esta mañana
le hemos puesto en el pecho una azucena,
y hemos puesto además una manzana
junto a su mano pálida y serena.

Los niños han venido. Y está llena
su habitación de leve porcelana,
parece que se mira en la azucena
y que tiende su mano a la manzana.

Nos alejamos quedos de su lecho
contemplando otra vez su faz serena,
y mientras rueda el sollozo en nuestro pecho,
y nos sigue el olor de la azucena,
la decimos adiós, vamos derecho
a llorar en lo oculto nuestra pena.

Dramatizar un hecho irreal, o convertir en irrealidad un hecho dramático, es cosa que nació conmigo. No creo que conduzca a nada interesante averiguar si se debe a inconformidad con el mundo en general, o a disgusto con uno mismo por sus defectos, o a rebeldía ante los aspectos feos de la existencia, que son tantos. Venga de donde venga esa tendencia, ese instinto irrefrenable, es de ahí y no de la literatura de donde extraigo los poemas, de donde los he extraído siempre.

Esta persona dominada por la fantasía -por la necesidad o por el gusto de fantasear- es la que sale un día de su pueblo y va a vivir a la capital. A *la capital de un país con tradición larguísima de poesía.* Y de poesía llena de fantasía, de imaginaciones, de poetas que por lo mismo que no han visto jamás la nieve, escriben cantos y cantos a la nieve, *que es lo debido.* Hablar de lo que no se visto es crear. Intentar describir lo visto es una utopía, porque lo real es inapresable por la palabra y aun por la mirada.

–Vivir de la literatura es casi un sueño imposible. Por eso te dedicaste, desde muy joven, al periodismo como medio que te permite continuar con tu carrera de escritor. Pero el periodismo no sólo ha sido una forma digna de ganarte el pan, sino una vocación; como bien señaló Juan J. Remos, tú eres un "ensayista periodístico". ¿Qué nos puedes decir de esta ingente labor por la que obtuviste el premio nacional Justo de Lara, desde que te iniciaste como joven periodista en *Informaciones* (1943) hasta tu cargo de jefe de redacción del *Diario de la Marina*, ambos periódicos habaneros?

–Me hice ingeniero agrónomo para complacer a mi padre. Dicen que de muy niño, cuando me hacían esa pregunta idiota que se hace a los niños. ¿qué vas a ser cuando seas grande? (¡como si el niño pudiera saberlo!), yo respondía: *agrómono.* Seguramente, mi padre, burócrata, soñaba con lo que los burócratas creen que es una liberación: el título universitario, y si es de agricultura, de campo abierto, de aire libre, mejor. Para el burócrata, el agrónomo es como el corredor de 400 metros para quien le faltan las dos piernas.

Estudié con interés, sin esfuerzo ni sacrificio mental, porque todo me ha interesado siempre: todo lo que enseña algo, añade, descubre pedazos de realidad. Me hubiera gustado ser astrónomo por encima de toda otra ciencia, pero el estudio de esa ingeniería, a la que se acompañaban materias de ciencias naturales, me dio muchas satisfacciones culturales. El microscopio, la taxonomía, la zootécnica, la apicultura, abren un mundo maravilloso, inagotable. En cuanto oí en una clase de Química hablar de dos sales llamadas Rejalgar y Oropimente corrí y escribí un poema titulado "Fábula de Rejalgar y Oropimente", que creo recordar se lo envié a Marcos Fingerit, un heroico editor de revistas poéticas de Buenos Aires. (A él le envié también, después, un poema titulado "Dafnis", del que sé fue publicado, pero jamás volví a verlos).

Dejo indicado que al mismo tiempo que estudiaba, escribía poemas, de tiempo en tiempo, cuando tenía realmente deseos o *necesidad* de escribirlos, tal como me ocurre ahora. No concibo eso de "sentarse a escribir poesía" como si fuera a colocar ladrillo a ladrillo para levantar una pared, sino que sólo escribo cuando tengo verdaderos deseos de hacerlo. Y esos deseos me asaltan inesperadamente, asomándose a mí a través de un verso suelto, de un grupo de palabras enlazadas rítmicamente. De ese verso, simiente, sale todo el poema, y lo más frecuente en mí es que ese verso inicial me dicte el *argumento*.

Nunca me he planteado narrar un episodio, contar una anécdota, anotar una reflexión: lo que siempre me he propuesto, y me propongo, es *hacer un poema*, que es una entidad rigurosamente *autónoma*, desprendida por completo de la anécdota, de las ideas, de los antecedentes *no poéticos* que tantas veces pueden estar en el trasfondo de un poema. Lo que cuenta y lo que queda en definitiva, si queda, *es el poema en sí.* (Por eso es tan difícil hallar buenos lectores de poesía. Lo habitual es que la gente se distraiga con el asunto y no vea el poema, o no se dé cuenta de que lo que está admirando es el poema en sí, que se impone por su propia entidad y realidad, libre de lo real antecedente. No todo el mundo *ve* el poema, y mucho menos la poesía. Puede haber poesía sin poema, pero no hay poema sin poesía. Y estoy convencido de que la poesía se escapa, no se deja apresar, cuando a la intención de escribir un poema se le impone lo que llaman "fidelidad a la realidad", el relato *exacto* de lo ocurrido. No es que la poesía consista en mentir, en enmascarar la realidad, los hechos; sino que al hombre le es casi imposible apresar de veras la realidad, y mucho más difícil le es describirla, traducirla en palabras. La realidad es siempre inefable. Cuando se quiere ser exacto uno se embrolla y se vuelve laberíntico. Ante esa imposibilidad ontológica de dominar la realidad, existe para el hombre el instrumento de la poesía, llave que permite entrar e instalarse en el *doble* imaginativo o fantástico de toda realidad.)

Me detengo aquí, y compruebo que, como es inevitable en mí, estoy siendo menos conciso que en la respuesta anterior. En el segundo tema, se me habla de periodismo, y se habla de lo difícil que es ganarse la vida (Por qué se llamará así a lo que en rigor es perder la vida?) con la literatura. Aquí hay mucha tela por donde cortar. Yo fui al periodismo profesional cuando advertí que como ingeniero no iría más allá de un cargo en el ministerio, eso que llaman *un destino.*

Quiero tratar ese asunto con guantes de seda, porque en general se me ocurren cosas bastante desagradables cuando pienso en lo que es el periodismo. Balzac dijo una verdad tremenda: "Si el periodismo no existiese, habría que *no* inventarlo". Lo contrario de lo que se ha dicho de Dios. Porque el periodismo -no los periodistas- es una cosa que no está en la inteligencia. Como se le entiende habitualmente, como se le practica, es algo deplorable y dañino para el espíritu, porque es una escuela cotidiana y pertinaz de vulgaridad (de vulgaridad impuesta por la demanda del mercado). ¿A qué seguir? Uno está en el periodismo y no debe, ni puede, subestimarlo, porque tampoco es una prisión ni un infierno. Sólo que es una *profesión* que apenas si tiene que ver con la literatura, no obstante que se hace con letras, y apenas tiene que ver con la filosofía no obstante que maneja ideas. El periodismo cotidiano gasta y vuelve roma la sensibilidad de un artista, de un pensador, de un poeta. Comprendo el horror con que vieron algunos amigos de la juventud mi entrada en firme en un periódico. Por cierto buen concepto que tenían formado sobre mis posibilidades en lo literario, se enojaron bastante, y me tuvieron por frívolo y por sediento de riqueza, cuando no sólo entré en el periodismo, sino que a poco fui en la profesión esa cosa nauseabunda que se llama *un triunfador*.

Sobre que soy fatalista y pienso que siempre ocurre lo que tiene que ocurrir, influyó mucho en esa decisión el hecho de que nunca me he creído llamado a nada importante en la literatura. A los que me decían, con severidad o con ternura, que hacía muy mal en "dejar las letras", les respondía, más o menos, esto que respondería ahora mismo: "Mire usted, yo sé que no soy ni voy a ser Rilke, Eliot o cosa parecida. Necesito un trabajo bien retribuido, por motivos familiares. Si no atiendo esos motivos, y resultara después que no iba más allá en lo de la literatura, tendría para siempre un remordimiento que sé muy bien no voy a tener porque deje de escribir este o aquel poemita, este o aquel ensayejo. Como aprendiz de poeta me siento corriente y dentro de una muchedumbre de semejantes. Tengo entusiasmo, pero no vanidad. Creo en la poesía, pero no en mí. Sé que el deber verdadero de un aspirante a poeta es exponerse a no comer, y a que su familia no coma, a cambio de "hacer su obra". Sé lo que sacrificó Rilke, y sé que Cezanne no fue al entierro de su madre por no perder un día de pintura, pero amén de que no me creo llamado a hacer nada grande, sé también que José Martí dijo: "Ganado el pan, hágase el verso". ¿Qué quizá por eso Martí no fue un Homero, un Dante, etcétera? Pero fue el que quiso ser, el que prefirió ser. A esa preferencia o acomodación es a lo que llamamos Destino. Yo no puedo hacer nada contra el Destino: yo acepto el Destino. No me quejo, no doy explicaciones. Aprendí en Shelley que lo propio del ser humano, de *una-víctima-más-entre-las-garras-de-la-naturaleza*, que eso es el hombre en definitiva, el inocente, es tomar por escudo la divisa de Prometeo: *Never complain, never explain.*

–¿Qué recuerdos tienes de la visita de Juan Ramón Jiménez a La Habana y tu opinión sobre su famosa *Antología de la poesía cubana*, publicada en 1937?

-Los recuerdos que tengo de Juan Ramón Jiménez en La Habana los reviví no hace mucho en el número especial dedicado a Juan Ramón por la revista *Cuadernos Hispanoamericanos*, que dirige el poeta Félix Grande. Mi evocación la titulé *Juan Ramón Jiménez, vivo en el recuerdo.*

Como me parece pueril eso que llaman "contar recuerdos", relatar anécdotas, dediqué esas páginas a tratar el tema del Juan Ramón en el teatro, quiero decir, recibiendo visitas, ofreciendo una conferencia, etcétera, en contraposición al Juan Ramón Jiménez a solas, en la intimidad.

Tengo la convicción de que estas personalidades de tanta vida interior, como Juan Ramón, como Borges, como Unamuno, dan al público, al periodista, a la visita, etcétera, el personaje que saben se espera que ellos den, el ficticio personaje de las anécdotas y de las tontería inevitables en las tertulias, en la conversación corriente y en las declaraciones para la prensa. Ni Juan Ramón, ni Borges, ni Unamuno son capaces de escribir bobadas. Pero los tres, en la tertulia, en la conversación con las terribles visitas, decían las tonterías más fuertes que cabe imaginar.

Me di cuenta inmediatamente de que Juan Ramón sacaba a la luz el que se esperaba, el de los papanatas, y reservaba el Juan Ramón verdadero. Su presencia en La Habana fue para mí, como para todo amigo de la poesía, un espectáculo maravilloso, una incitación al rigor, a la existencia propia. Juan Ramón callado, solo, tranquilo, o leyendo sus prosas y sus versos era una lección de poesía viva. Él era un poema de Juan Ramón Jiménez. Con su sola mirada obligaba a tomar en serio a la poesía.

En cuanto a la antología del 37 (o del 36, que fue cuando se hizo, no cuando se publicó) recuerdo que se le llamó "cajón de sastre", por el enorme número de personas incluidas. Naturalmente, una antología así no puede ser sino un catálogo, y como tal, la *Antología* de Juan Ramón y Chacón y Calvo, fue útil. Yo no estoy en ella, o creo recordar que no estoy. No tengo el libro a mano. Se decía que ante ciertas críticas acerbas, Juan Ramón Jiménez explicaba, en privado, no en público, que toda la culpa era de Chacón y Calvo. Chacón era tan buena persona que no podía en modo alguno ser un crítico, lo que merece llamarse un crítico, que no es un malvado por fuerza, pero es alguien que debe tener el valor de enjuiciar con libertad y con objetividad, y de decir francamente lo que piensa, y sobre todo, por qué piensa y cree eso que dice.

Chacón era una maravillosa persona como ser humano y como erudito. Pero como crítico era un desastre. Una vez le escuché responder a alguien que le reprochaba sus elogios excesivos a un verdadero matarife de la poesía: "¡Es tan buen hijo, es tan buen hijo!". Juan Ramón confesaba que se sentía coaccionado por las recomendaciones de Chacón a la hora de seleccionar los poemas para la *Antología*. Suavemente, suasoriamente, Chacón acababa siempre por salirse con la suya, porque Juan Ramón estaba en situación de inferioridad: invitado, bien acogido, tratado por Chacón con enorme delicadeza y respeto, ¿qué iba a decir? Pero me consta que cargó con la *Antología* como con una cruz, y que se ruborizaba de ella como de un delito monstruoso. No era para tanto. Pero un hombre tan exigente consigo mismo como Juan Ramón, que tenía además un ojo infalible para "ver" el poema, tenía que reaccionar forzosamente como una víctima ante las cataratas de la antología.

–¿Y de la estancia en La Habana de otros escritores españoles como Fernando de los Ríos, Manuel Altolaguirre, María Zambrano y otros?

–De la estancia en La Habana de los intelectuales españoles aventados allí por la guerra civil, no hay que decir más que aquello fue el mayor regalo que pudimos recibir nunca los que éramos en ese momento "la juventud universitaria". La conducta de los catedráticos y autoridades de la Universidad de La Habana para con esos maestros –María Zambrano, José Gaos, Ots Capdequí, Xirau, Ferrater y tantos otros maestros genuinos- fue una verdadera vergüenza. Y una vergüenza, además, recubierta de una capa de hipocresía casi diabólica. Se les ofreció unas conferencias, algún cursillo muy breve, alguna velada literaria, etcétera…, pero no se les dio cátedras, no se les ligó fuertemente a la Universidad, como era lo debido, y lo que convenía más, no a ellos, sino a la cultura cubana.

Los mexicanos fueron infinitamente más inteligentes y lúcidos que los cubanos. Véase lo que hizo en México el exilio español: lo hizo todo, lo renovó todo: lo engrandeció todo. Cuando un país tiene la oportunidad de "hacerse", de la noche a la mañana, con figuras como María Zambrano, José Gaos, Joaquín Xirau, Claudio Sánchez Albornoz, Domingo Barnes, José Rubia Barcia y los deja escapar, por pequeñeces, por miedo a la competencia, por cominerías., ese país puede clasificarse como tonto y desdichado.

De este asunto hablé alguna vez en el periódico, en un artículo titulado maliciosamente: *Anifranquistas en la escalinata y franquistas en el rectorado*, que me trajo cóleras y maldiciones sin cuento. Todo aquello fue mezquino; una página tenebrosa en la historia de la cultura entre nosotros. A Gustavo Pitaluga, una de las glorias de la medicina europea, le obligaron a sentarse en un banquito y contestar quince preguntas para permitirle trabajar como médico. ¡Puro tercermundismo cultural y subdesarrollo mental!

–A partir de 1940 surgen en Cuba numerosas revistas literarias: *Verbum*, *Espuela de Plata*, *Nadie Parecía*, *Clavileño* (de la que fuiste fundador), *Poeta*, etcétera, formando lo que Roberto Fernández Retamar llama la generación de poetas trascendentalistas, que gira en torno a Lezama Lima y la revista *Orígenes* (1944-1956) y la integran contigo Ángel Gaztelu, Justo Rodríguez Santos, Virgilio Piñera, Eliseo Diego, Cintio Vitier, Octavio Smith, Fina García Marruz, Lorenzo García Vega, etcétera. ¿Qué nos puedes decir de esas revistas, de *Orígenes* en particular, del llamado Grupo Orígenes, de sus tertulias y ediciones?

–Ese tema de la "generación de *Orígenes*", los trascendentalistas, etcétera, tiene que ser tratado, me parece, con mucho cuidado, para no dejarse arrastrar por el tópico, por el juicio que por inercia se hace lugar común y acaba por convertirse en tradición o en ley fija.

En rigor, no hay tal generación de *Orígenes*. Usted no puede hallar nada más heterogéneo, más dispar, menos unificado, que el desfile de la obra de cada uno de los presuntos miembros de la generación. Siempre he tenido la impresión de que Lezama, que era una personalidad muy fuerte, que tenía un concepto exigentísimo para la selección y publicación de un material en "su" revista, aceptó a muchos de nosotros a regañadientes, porque no tenía a mano a nadie más. Creo que literalmente no nos estimaba en lo más mínimo. Lo que cada uno de nosotros hacía estaba tan lejos, a tantos kilómetros de distancia, de lo que él hacía, que la incompatibilidad era no sólo obvia, sino escandalosa.

En lo personal mismo nos llevábamos bastante mal. Pero esto es propio del ambiente literario, o de los literatos de todos los tiempos. Mi veneración y mi respeto por la obra de Lezama y por su actitud ante la cultura, no me impidieron nunca reconocer que su carácter era muy fuerte, intransigente, con rigor excesivo para enjuiciar personas y obras. Casi siempre estábamos, como los niñitos en el colegio, "peleados". No nos reuníamos en grupo jamás, *porque no existía tal grupo, sencillamente*. Cuando por una simpleza, nos echó de *Orígenes* a Cintio, a Eliseo, a mí y a otros, puso una nota que me produjo una risa enorme, porque decía que a partir de ahí la revista iba a ser "más fragante". ¡Y metió a Rodríguez Feo! La palabra "fragante", que nos calificaba de apestados, tenía una gracia enorme, como producto de una rabieta infantil que era.

Esto no quiere decir que desconozca o niegue el valor de la revista *Orígenes*. Una cosa es la revista y otra es lanzarse, por comodidad y por obediencia al lugar común, a hablar de "la generación de *Orígenes*". La revista fue la expresión de unas tendencias literarias actuales (actuales en aquel momento, por supuesto), pero no fue sino una expresión más del amor sempiterno de los cubanos por la literatura y por la publicación de buenas revistas. Es explicable que los extraños hablen de *Orígenes* como si si se tratara de algo único, insólito y excepcional en Cuba. Dejando a un lado la cuestión de la calidad, que es, en definitiva, cuestión de preferencias y de gustos, ¿cómo desconocer la importancia de revista como la de la Universidad de La Habana, como la *Revista Cubana*, como la *Bimestre*, como la del Lyceum, como la de la Biblioteca Nacional, como la de los arquitectos, etcétera? Desdeñar olímpicamente todo lo que hacen los demás, todo lo que no responda textualmente a nuestro criterio, es una agresión a la cultura, es un acto de barbarie. Siempre, en todo tiempo, la nueva generación de poetas hace heroicamente "sus revistitas", como decimos peyorativa e injustamente. Las hemerotecas cubanas deben estar llenas de publicaciones modestas, humildes en la presentación, pero llenas de fe en la poesía. Piénsese en una revista como *Orto*, de Manzanillo, la revista de Sariol, y se tendrá un ejemplo magnífico de lo que quiero decir. O en aquella santiaguera que tenía el estupendo título de *Una aventura en mal tiempo*. ¿Y *Cuba contemporánea* y tantas otras?

–¿Cómo era el ambiente literario en La Habana de los años cincuenta?

–Creo justo responder que era igual al de los años 40, y al de los años 30, y al de los años 20. Un ambiente reducido, corto en cuanto número y la extensión, la penetración quiero decir, pero apoyado o mantenido, siempre, por una élite muy inteligente y muy enterada de las letras extranjeras, muy al día. Hay que recordar que nuestra cultura, como transfundida por la España de los siglos XVI y XVII, estaba pensada, al igual que en todos los países hispanoamericanos, para una casta, para un sector seleccionado, privilegiado, de la sociedad. Este hecho produjo en todos los territorios culturizados por España, el enorme desequilibrio entre la masa analfabeta o semianalfabeta y la élite cultivada, refinada, minoritaria. En el cuadro general de sociedades que leen tan poco como las hispanoamericanas, Cuba ocupó siempre una posición relativamente privilegiada, diferenciada de la mayoría de los países de su propio origen cultural.

El ambiente cultural de Cuba era, lo fue siempre, desde el siglo XIX, de los mejores de América, valga lo que valga esta clasificación en el escenario de la cultura mundial. Los jóvenes de los años 50 pecábamos de filoneísmo y los viejos de misoneísmo, como en todas partes, y como siempre, desde que el mudo literario existe. Podemos quejarnos de que la élite fuese muy reducida (no tanto como se piensa habitualmente), pero este fenómeno no resta importancia al valor de las personalidades producidas en el mundo de las artes o en el de las letras, las ciencias, etcétera, ni al puesto que el país merece ocupar en la historia general de la cultura en el Nuevo Mundo.

–¿Cómo crees que te influyó, desde el punto de vista literario, tu larga amistad con José Lezama Lima? ¿Qué recuerdos y valoración te merece el gran poeta cubano?

–La relación, literaria primero y literaria y de amistad después, con Lezama, es, para mí, el hecho más importante de mi vida. Me acerqué a él por carta, en los años treinta y tantos, creo que hacia el 35 o el 36, no puedo precisar, ni tiene interés alguno la exactitud de las fechas.

Por pura casualidad, que yo interpreté y sigo interpretando como una *señal*, un *signo*, un *aviso*, hallé en la calle, en una revistita que acababa de salir, llamada *Compendio*, el poema titulado "Discurso para despertar a las hilanderas". Nunca, ni antes ni después, me ha producido tal *impacto* la lectura de un poema. Firmaba aquello "José A. Lezama", porque todavía él usaba la inicial de Andrés, su segundo nombre. Se hablaba allí, al pie del poema, de que se trataba de un joven poeta "que cultivaba lo onírico" y que preparaba un libro titulado *Filosofía del Clavel*. Me hice con la revista y me fui a mi casa decidido a escribirle a quien había escrito aquello que, de acuerdo con mi enorme pedantería y spenglerismo de entonces, *no se podía producir en Cuba*.

Envié a Lezama, cuya dirección averigüe con mucho trabajo, una carta larguísima, pedantísima, llena de citas: una vitrina infantil para exhibir lecturas abundantes, dispersas y mal asimiladas, pero impresionantes. A poco llegó a mi casa –en la calle Virtudes ,880- una larga carta de Lezama, que terminaba con estas palabras: "Salud, arcos y flechas".

Tardé no sé cuántos meses en conocer personalmente a quien ya yo llamaba, sin la menor ironía, Maestro, como le sigo llamando cincuenta años después. La relación personal estuvo, en los primeros años, llena de alternativas, de "baches", de tropiezos. A veces estábamos meses y meses sin tratarnos, porque mi carácter le resultaba demasiado blando con los demás, poco exigente. "usted es muy politiquero", me decía, refiriéndose a que yo tenía trato, superficial, pero cordial, con personas por las que él sentía un desprecio total (me refiero a la cultura, a valor intelectual de esas personas). Un día me dijo, muy encolerizado: "¡Usted es capaz de cualquier cosa, usted es capaz de hablar hasta con Jorge Mañach". Llamarme pastelero, politiquero, *salonnier*, era lo más suave que me decía. En ese tiempo era un verdadero ogro, un puercoespín hecho y derecho.

Pero nada de eso tiene interés, pienso. Lo importante, para mí, y creo que para el lector interesado en la cultura, no en el chisme, es su obra, es la realización de esa obra en un medio nada propicio, nada favorable. ¡Cuánto sacrificio, cuánta energía, cuánta fe en la inteligencia y en sus exigencias hay en la labor de este hombre! Jamás hemos tenido un artista tan responsable, tan heroico. Haberle conocido es una dicha. Recuerdo que una vez, una persona muy famosa, muy conocida, me dijo: "No puedo explicarme cómo tiene usted tanta veneración por este sujeto, y llega a llamarle maestro; para mí él no es más que un gongorino retrasado e indigesto, un anacrónico. Me manda sus libros y yo *ni los abro*, no los leo".

En respuesta a este ilustre "hombre público" (es curioso, de paso, esto de que llamarle a alguien "hombre público" sea un elogio, mientras que se lo decimos a una mujer la estamos ofendiendo), le dije con la mayor serenidad posible: "Mire, don Fulano, de usted y de mí se hablará el siglo que viene *en función de lo que hayamos hecho con Lezama*. Yo tengo un puesto asegurado, para siempre, en la literatura cubana, porque fui la primera persona que publicó un artículo en elogio de la obra de este hombre". (Me estaba refiriendo a un trabajo publicado en el periódico *El Mundo*, a página entera, con dibujo de Lezama por Portocarrero, año 1942. Este trabajo fue reproducido hace poco en Nueva York por Florencio García Cisneros, en su revista *Noticias de Arte*).

Sobre el tema de "la influencia", sólo puedo decir que si se llama influencia a la imitación, a la búsqueda de un parecido, o a la copia de un estilo, creo que nunca existió una influencia de la poesía de Lezama en lo que yo hacía. Su influencia sobre mí, como sobre muchas otras personas, fue más bien *de ambiente*, de personalidad. Tratarle era acercarse a un mundo intelectual riquísimo, a una constante apelación a la inteligencia, a la seriedad, a la búsqueda de una expresión más depurada. No he conocido nunca persona con mayor *proyección*, irradiación si se quiere. Su magisterio efundía de su actitud ante la cultura. Eso que atribuyen a Rilke de que el poeta es poeta hasta cuando se lava las manos, se daba a la perfección en Lezama. Aun su glotonería estaba llena de literatura. Sin proponérselo, porque en el fondo era muy modesto, ejercía una influencia arrolladora. Tenía una de las risas más estrepitosas y agradables, por sonoras, por musicales, que he escuchado nunca. Un hombre que sabe reírse a gusto es siempre una buena persona, y más si es grueso, corpulento. Si algún día me convenzo de que tiene interés la rememoración de lo estrictamente personal tratándose de un artista de esta categoría, puede que cuente anécdotas, frases, chistes. Pero, ¿qué interés tiene nada de eso, que es trivial, que se da en todo el mundo, si tenemos delante una obra de la magnitud y de la significación de la forjada por Lezama en toda una vida de creador, de artista? La cercanía de su persona nos impide ver su grandeza. Hemos asistido a todo un gran siglo, y no lo sabemos, no lo advertimos.

–En 1942 publicas tus dos primeros poemarios: *Poemas* **y** *Saúl sobre su espada.* **¿Qué críticas suscitaron estas primeras entregas poéticas?**

–Sobre las primeras críticas a cosa publicadas por mí, no guardo memoria. Nunca me interesó, ni me interesa, eso de los elogios o de las diatribas. Como no tengo formada opinión sobre lo que pueda valer o no valer en lo que he hecho y creo que publicar (no escribir, *publicar*) es como arrojar al mar botellas con mensajes, sin destinatario, una vez cometida la debilidad de publicar un poema, no vuelvo a pensar en él por nada del mundo, y no lo releo jamás, entre otras cosas, porque veo lo que falta, lo que flaquea, lo que falla. Y como ya no hay remedio, no consigo sino disgustarme y prometerme no volver a publicar.

Es frecuente la pregunta: ¿y entonces, para qué escribe? Es posible que, en efecto, se escriba con el único objeto de publicar, pero entiendo que eso es una de las tantas claudicaciones que la vida en sociedad impone a la inteligencia. Se escribe para explicarse el mundo, para arreglar los defectos del mundo (lo que uno ve como defectos); por ejemplo: el crepúsculo, el arcoíris, la maldad humana, la fealdad del hipopótamo, y, sobre todo, la monotonía y la insulsez del mar, ese hombre tan tonto, pero no se escribe para publicar.

–Desde 1959 resides en España, donde desarrollas una gran labor literaria y cultural, trabajando en el Ins-

tituto de Cooperación Iberoamericana, como en la docencia (en la Escuela Oficial de Periodismo o en la Universidad Internacional Menéndez Pelayo), en la prensa, hasta tu labor diaria para Radio Exterior de España. Intensa actividad que no te impidió, además de pronunciar innumerables conferencias y charlas, entregar tu libro *Poemas escritos en España* (1960) y publicar en la colección ADONAIS tu primordial poemario *Memorial de un testigo* (1966), donde, según señalan Matías Montes Huidobro y Yara González: "lo cotidiano se mezcla con lo mágico, particularmente dentro de un plano histórico... El testigo anónimo parece por momentos la permanencia; es la figura que se mueve de un contacto humano a otro: Juan Sebastián Bach, Rafael, Mozart, Waterloo... De ese modo Gastón Baquero se vuelve refinado y humano a la vez". Este refinamiento y humanidad de Gastón Baquero es perceptible para todo aquel que lo conoce y trata, aunque no cesa de decir como Raimundo Lulio: "Ningún hombre es visible para otro", en incluso, parafraseándolo: "Ningún poema es visible por entero para el lector", agregando que ni acaso para el autor. ¿Es esta incomunicación con los lectores lo que te ha llevado a un largo silencio de dieciocho años hasta la publicación de *Magias en invenciones*, en 1984?

–Yo no he estado tanto tiempo sin publicar porque me moleste o me preocupe la incomunicación. En todo ese tiempo no he dejado de escribir, sólo que he roto más de lo que he conservado, no sé bien por qué, quizá sí por vanidad, por querer seguir "figurando". Siempre digo, en autobombo, que no soy vanidoso, pero basta con mirar todo lo que he publicado, para comprender que tengo una vanidad gigantesca. Porque publicar es un acto de vanidad y de arrogancia.

En cuanto a lo de la comunicación con el lector debo decir que todavía me sorprende comprobar cómo cada cual lee en un poema (o en un artículo de periódico, o en un ensayo), no lo que está ahí, o el autor cree que está ahí, sino lo que quiere leer. Me río mucho con las interpretaciones que he oído y oigo sobre poemas míos.

La gente lee la poesía como si fuese un acta notarial, y no hay manera de que se detengan *en el poema*: van al argumento, en busca de confesiones, de chismes posibles, de tonterías. Nunca me he propuesto plantear problemas, sino plantar, sembrar poemas. Uno intenta *inventar*, y a la postre comprueba que la gente sólo ve en el esfuerzo el relato más o menos "bonito" de algo que ha ocurrido. Y yo creo que lo que ocurre, lo mismo si es el nacimiento de un niño, que el pisotón en el autobús, es algo que por el hecho de haber nacido, de *estar ya ahí*, se sale de la poesía, ya no puede ser poesía. Poesía es lo que no está. La poesía es siempre lo lejano, decía Amiel.

Casi nadie admite, si lee el poema "Discurso de la rosa en Villalba" que yo no he estado nunca en Villalba, que no vi allí ninguna rosa, que todo es *una invención mía*. ¿Por qué procedo así?, ¿por miedo a la realidad, por temor a confesar algo desagradable? No. Aparte de que estoy convencido de que la tragedia de la inteligencia es que siempre escribimos nuestra autobiografía y nada más que nuestra autobiografía (por eso aciertan los grafólogos y los fisiognomistas), lo ocurrido, lo que está ahí, es *inefable*, no hay palabras con que describirlo.

Por eso son tan horribles casi todos los poemas a la patria, a la madre, a la Virgen, al primer hijito, a la esposa, porque esos sentimientos y esas nociones están encarnados, *poetizados ya en el hecho, porque todo hecho es un poema*. Si Dante llega a acostarse con Beatriz no tendríamos la *Divina Comedia*. Si el padre de Jorge Manrique hubiese sido un buen padre y un buen esposo, no tendríamos las *Coplas* por su muerte. Dante y Manrique tuvieron que inventarse un mundo, y como poseían los materiales, la materia prima necesaria, lo inventaron maravillosamente.

–Ya en *La Casa del silencio*, antología poética de Mariano Brull, ordenaste su producción lírica comenzando con sus últimos poemas y terminando con los primeros. En *Magias e invenciones*, donde reúnes tu obra poética, haces lo mismo, aunque faltan poemas –que celebras se hayan perdido- como los sonetos "Del pan de la muerte" y "Soneto para no morirme", etcétera. ¿Por qué haces esto?

–Creo que todos los poemas que se han perdido, míos y de quien sea, están bien perdidos. Si de veras tienen algún interés, ya aparecerán algún día. Sólo echo de menos un poema titulado "Teoría de la línea y de la esfera", publicado, creo, en la revista *Grafos*, donde mi inolvidable y generoso amigo Guy Pérez Cisneros era Jefe de Redacción. Y le echo de menos porque no recuerdo nada del poema; pienso que con ese título puede ser interesante. Seguramente, si vuelvo a leerlo, no me gusta nada, y lamentaría su salida del limbo en que se encuentra. Sobre viejos poemas inéditos o perdidos hay que tomarle la palabra a Peyreffite: "Lo pasado, pisado". Lo que se pierde es porque fatalmente *tenía* que perderse. [3]

Sobre el orden inverso en la publicación de los poemas de un autor que ha escrito desde hace mucho tiempo, la explicación está en que se supone (yo al menos lo supongo) que vamos mejorando con el tiempo. Esta idea es una ton-

3 En la revista habanera Credo, dirigida por Iván González Cruz en la Cátedra de Estudios Cubanos de Instituto Superior de Arte, se publicaron en su número inicial (octubre de 1993) diez poemas inéditos de Baquero hallados en el Archivo de Lezama Lima por Cintio Vitier, Eliseo Diego y Jorge Luís Arcos, autor del estudio "Gastón Baquero o la poesía en el jardín de la muerte". De esos poemas dice el autor: "Como sospechaba, el encuentro con estos desconocidos me dejó estupefacto. No tengo ni la más leve reminiscencia de estos huéspedes inesperados y poco deseables. Salvo el soneto del marqués de Acapulco, no recuerdo nada. Admitir a estos intrusos en mi interior es como yacer junto a Julia Pastrana, la mujer más fea del mundo".

tería agradable, porque la historia literaria nos muestra que casi siempre es al revés: con el tiempo se va empeorando. El envejecimiento del cerebro y de la sensibilidad son inevitables, salvo contadísimas excepciones: Goethe, Verdi, Miguel Ángel, unos pocos más, muy pocos.

Al publicar primero en un libro los últimos poemas, se le tiende una trampa inocente al lector. Se le dice: esto es lo que creo mejor mío: Por ejemplo, en el caso de la antología de Brull, procedí así, dando primero lo último que dejó el poeta, porque pensé que siendo su obra poco conocida en España, si el lector corriente tomaba el libro en las manos y comenzaba por leer el primer libro de Mariano, se formaba ya una idea falsa, o incompleta, de la obra poética total de un hombre que evolucionó tanto. Sobre todo los lectores jóvenes tienen que ser atraídos por textos que no le suenen a "cosa vieja", a antigualla. Casi todos nos arrepentimos de los primeros poemas, y hay personas (como fue el caso de Juan Ramón), que consideran una agresión, una ofensa, que se les resucite un pecado viejo. Hay horribles primeros poemas de Huidobro, de Neruda, de cien autores más. Gabriela comenzó que daba pena. Juan Ramón llegó a prohibir que lo incluyesen en antologías no hechas por él mismo, debido a que le sacaban a la luz poemas de los que él estaba avergonzado.

Pero todas estas aclaraciones son inútiles. Porque, ¿quién sabe en definitiva cuál poema gustará o no el día de mañana? De todo mi libro *Memorial de un testigo*, el gran Humberto Díaz Casanueva se detuvo especialmente en "Plenitud de la manzana", poema al que yo le daba menos importancia que a un sombrero viejo. En esto, como en todo, el misterio acaba por dominar. Cervantes murió
convencido de que había escrito una gran obra, el *Persiles*, y estaba muy seguro de que por la gloria de ese libro le daría, la posteridad iba a perdonarle la ligereza y la frivolidad de haber escrito *Don Quijote*. Así es la cosa.

Después de 28 años de residir fuera de su país, a pesar de la lejanía, Gastón Baquero todavía nos asombra con su evocación a Cuba, en sus más recientes poemas, como en "Brandenburgo, 1526":

El barón lloraba silenciosamente, día tras día en noche
y alborada,
y en su habitación entraban las exquisitas damas de
Bandenburgo
para escucharle una y otra vez el relato de sus
alucinaciones. Hablaba
de ríos absolutamente cristalinos, de rojas mariposas
sonoras,
de aves que conversaban con el hombre y reían con él.
Hablaba
de maderas perfumadas todo el tiempo, de translúcidos
peces voladores, de sirenas,
y describía árboles golpeantes con sus fustes en la
techumbre del cielo,
y se le oía runrunear, transportando en su sueño al otro
mundo
cancioncillas que jamás resonaron en los bosques del
castillo. Y cantaba:

Senserení, color de agua en la mano
y sabor de aleluya en bandeja de plata;
Senserení cantando a través del verano
con su pluma de oro y su pico escarlata.

Madrid, 1987.

Gastón Baquero rodeado de libros en su casa de Madrid

Segunda Conversación, 1994

Portada de la segunda edición de *Conversación con Gastón Baquero* (1994).

–En estos años, desde nuestra primera entrevista (1987), te han publicado varios libros. Uno de los más importantes es *Indios, blancos y negros en el caldero de América*, editado por el Instituto de Cooperación Iberoamericana. ¿Qué nos pues decir sobre el Descubrimiento de América, cuyo V Centenario levantó tanta polvareda, sobre el mestizaje de *Nuestra América* y otros temas tratados en esa obra?

–Responder cumplidamente a esta ardua pregunta requiere un libro. Creo con Humboldt que el Descubrimiento de América es el hecho más importante de la Edad Moderna. Con el Descubrimiento vino el Renacimiento, el resurgir de Europa, y la supremacía de Occidente sobre Oriente. El fruto mayor de ese hecho fue la creación de una nueva Cultura: la indohispana , o iberoamericana, o como se quiera llamar al gran mestizaje racial y cultural. Esto, si seguimos en la mirada parcial hacia 1492, porque si somos objetivos, de lo que habría que hablar es de una Cultura Euro-afro-americana, para que entren en ella, como están, los Estados Unidos, Canadá, y los negros. Tenemos la manía de pensar y decir que España tiene el protagonismo total de la creación del Nuevo Mundo. Y si recordamos la extensión de Brasil, de Norteamérica y del Canadá, *Hispanoamérica es la porción menor del Nuevo Mundo*. En consecuencia...

–Eres fundamentalmente un poeta, pero también tienes una importante obra ensayística, como: *Ensayos* (1948), *Escritores hispanoamericanos de hoy* (1961), *Darío, Cernuda y otros temas poéticos* (1969), el mencionado *Indios, blancos y negros en el caldero de América* (1992), *Acercamiento a Dulce María Loynaz* (1993) y tienes inédito: *Imagen total de Andrés Bello*. ¿Tienes algún otro ensayo en preparación?

–En preparación, en proyecto, tengo varios ensayos. Uno sobre "las bases tróficas de la poesía", analizando relación entre alimentos y la creación de poemas. Y otro, demasiado audaz según creo, sobre el hombre como producto de la fermentación pútrida de una estrella muerta. Para 1995 preparo un libro que recoge toda mi reacción ante el genio, ante el planeta que es Martí. Lo titulo *Aproches a Martí* [1], recuperando la arcaica palabra aproche, tan de la lengua española medieval, a pesar de las apariencias. Digo aproches a Martí porque se trata de un acercamiento, asedio amistoso y cerco de un castillo.

–¿Querrías desarrollar un poco más esas ideas del poema como química y de la poesía casi vista como una elaboración gastronómica?

-Para responderte voy a repetir lo que dije hace algún tiempo en una entrevista. Ante todo, estoy harto de la monotonía de mis poemas. Hay una repetición interior tan molesta y tan visible en mis poemas, que no puedo soportar la relectura de cualquiera de ellos. Se cambia un poco el traje, el adorno, pero el maniquí, el esqueleto, es el mismo. Veo que en el fondo, "Palabras escritas en la arena…", es el mismo poema que "Memorial de un testigo" o que "Manuela Sáenz baila con Garibaldi el rigodón de la despedida". Estoy metido en un agujero, en una prisión, de la que no puedo, o no sé, escapar. Ortega tenía razón al decir: "Nacer es caer preso de un contorno inexorable". Esto lo veo como una humillación de la naturaleza a la inteligencia. Una victoria de la fisiología sobre la estética.

He llegado a pensar (en eso estoy sumergido ahora) que hay una estrecha relación bioquímica, trófica (no estrófica), entre lo que se ingiere -se incorpora, decía Lezama- y

1 Posteriormente, Gastón Baquero cambió el título de este ensayo, que se publicó como *La fuente inagotable* (Valencia: PRE-TEXTOS, 1995).

lo que se escribe. Es posible llegar a construir un poema de acuerdo con la cantidad de carbohidratos, o proteínas y aminoácidos, etc., que se haya incorporado al organismo. Así, si usted se come un plato de alcachofas, le sale un poema distinto al que saldría con un plato de langostas o de berenjenas. Esto, que produce risa en el primer momento, porque parece una simple broma, una *boutade*, es mucho más serio de lo que parece porque en el fondo todo es química, como explicaba Severo Ochoa, y nuestro organismo (incluyendo la mente, por supuesto) no es más que un laboratorio donde las reacciones quedan fuera de nuestro control. No se sueña lo mismo cuando se come carne que cuando se come pescado. Los antiguos descubrieron esto, sin conocer las causas. Moctezuma tomaba grandes jícaras de chocolate cuando se disponía a hacer el amor a gran escala, al por mayor; la ciencia ha descubierto hace poco que en el chocolate hay un ácido que es el mismo producido por el cerebro cuando se tiene alguna excitación o incitación sexual. Y los romanos descubrieron y observaron la acción del flúor en la dentadura, sin conocer exactamente el flúor, y acostumbraban a enjuagarse la poca por las mañanas con orines de español, porque comprendieron que los ríos de España contenían algún elemento que protegía los dientes: era el flúor.

Hay una alquimia del poema, y quizás hasta la misma Poesía. Alquimia natural, no cultural. Es muy posible que en mis poemas prevalezca una dosis de azúcares que me los vuelve más sentimentales y dulzones de lo que yo quisiera. A menudo corro el riesgo del ternurismo, y la huella de eso está en mi abuso de los hipocorísticos o diminutivos. A veces llego a lo ñoño y a lo tagoriano, pero ya, a mi edad, me consuelo pensando que no es que yo sea cursi, es que la comida, la alimentación que recibí desde niño, era enormemente cursi e impropia para el desarrollo de la inteligencia.

Mallarmé, estoy seguro, devoraba grandes cantidades de ostras. Verlaine llevaba los bolsillos llenos de cerezas.

–En 1992, la editorial Verbum de Madrid publicó tu poemario *Poemas invisibles*, por el que estuviste nominado para el Premio Nacional de Literatura en poesía, en España y en el que hay un poema titulado "El viajero" que me parece maravilloso. ¿Qué nos puedes decir de esta nueva entrega poética?

–De los *Poemas invisibles* digo lo mismo que de los visibles. No sé qué interés pueden tener, ni lo que valen o no valen. Ahí cité el verso de Lope "me basta con que escuchen las estrellas", lo que quiere decir que da lo mismo el elogio o el vituperio. Lo publicado ya no tiene remedio. De lo que sí estoy cierto es que a mí los poemas y artículos del señor Baquero me aburren más que una sinfonía de Bruckner.

–Recientemente se publicó tu *Autoantología comentada*, en la madrileña editorial SIGNOS, donde acompañas a los poemas seleccionados con recomendaciones de piezas musicales clásicas para leer los poemas. Supongo que tu afición a la música viene desde lejos, pero, ¿por qué en esta autoantología recomiendas la lectura de los poemas escuchando las citadas piezas musicales.

–Recomiendo esos aires de música porque me parecen, en cada caso, lo más adecuado, como un marco para un cuadro, para leerlos con un poco de atmósfera. La lectura de poesía tiene sus momentos, sus ambientes, sus atmósferas. Esas recomendaciones son, naturalmente, subjetivas, ambientales diría. No se trata de "acompañamiento musical", la antigua melopea, cosa horrible. Cito ahí a Portocarrero y su gusto por asociar sonoramente "Saúl…" al concierto de los cuatro clavicordios de Juan Sebastián, que no "suena" lo mismo que el de cuatro violines de Vilvaldi que Bach adaptó. Es una cuestión subjetiva, personal, por lo tanto puede variar tanto como sea la variedad de lectores. ¿Qué tiene que ver "El veronés" de Mozart con "el gato personal del conde Cagliostro"? Para mí tiene mucho que ver, por contraste, porque es el reverso de la eutrapelia del poema. El choque y el disentimiento son tan fuertes, que queda abierto el estupor que el poema debe producir, o a mí me produce.

–La Universidad Pontificia de Salamanca organizó un Homenaje Internacional a tu figura en 1993. Sé que eres una persona poco dada a este tipo de homenajes, pero, cómo, con los años, se reciben estos reconocimientos, que supongo no serán los últimos?

–El acto de simpatía y amistad que se me ofreció en la Pontificia de Salamanca, me sorprendió, pero me molestó menos de lo que yo pensaba que me molestaría un acto solemne de este estilo. Puede ser que la vejez nos vuelve acomodaticios, pero sobrellevé muy bien, creo, tanto hablar de mí. Eso sí, me preocupó y hasta asustó pensar que deben encontrarme los demás ya muy viejo, ya a punto de seguir viaje hacia Saturno, y me anticiparon el acto póstumo. De todos modos, lo agradecí y lo agradeceré mientras viva.

–¿Cómo ha influido en tu poesía la nostalgia de estos 35 años de residir fuera de Cuba?

–El transcurrir o el pasar de tantos años sobre una vida tiene por fuerza una acción, una influencia sobre la persona. En realidad, yo nunca me he sentido lejos de la isla, porque uno lleva consigo, dentro de sí, todo lo que le interesa en el Universo. No siento nostalgia de nada, ni la he sentido nunca, porque la nostalgia es producto de una falta grave de imaginación. Lo que me falta, lo invento. Decía Leonardo en un soneto que "quien no puede lo que quiere / que quiera lo que puede". Me gustaría darme una vuelta por Júpiter o por Venus; pero como no están a mi alcance, me contento con la Tierra, y la quiero.

–En *Poemas invisibles* escribiste la siguiente dedicatoria: "A los poetas que llegan y seguirán llegando. A los muchachos y muchachas nacidos con pasión por la poesía en cualquier sitio de la plural geografía de Cuba, la de adentro de la Isla y la de fuera de ella". ¿Qué te parece esta nueva generación de jóvenes poetas cubanos, que muestran un seguimiento de tu obra y que se acercan a ti, con amistad y respeto?

–Lo que me encanta, me hace muy feliz para ahora y para después de la muerte, es comprobar cada día la pasión de los y las jóvenes de los *territorios* en que se desenvuelve hoy la gente cubana, por la poesía. ¡Qué maravilla, cuánta poesía buena se está haciendo dondequiera que late un corazón cubano! El sinsonte sigue cantando a todo pecho. No cito nombres ni obras por no incurrir en omisiones o inclusiones que me atraigan los rayos y truenos de la pobre Santa Bárbara. Pero afirmo que ahora mismo, entre poetas de la isla y poetas fuera de ella, hay por lo menos diez nombres que obligan a "quitarse el sombrero". Yo, que uso sombrero, no en metáfora sino en pura panza de burro, absorbo y paladeo verso a verso, poema a poema, todo lo que de cubanos cae en mis manos. Y soy feliz. Las muestras de cariño que me llegan de la plural geografía cubana, las recibo como una señal de continuidad, de sucesividad invariable de lo cubano en poesía.

Ser uno más en esa población de los alarifes de la Casa Cubana de la Poesía, es un honor.

Madrid, 1994.

Felipe Lázaro / Carlos Espinosa Domínguez
Bladimir Zamora Céspedes / Efraín Rodríguez Santana
Alberto Díaz Díaz / Niall Binns

ENTREVISTAS A GASTÓN BAQUERO

Prólogo de Pedro Shimose
Epílogo de Pío E. Serrano

BETANIA

Portada de *Entrevistas a Gastón Baquero* (1998).

Aproximación para una bibliografía de Gastón Baquero [1]

Poesía:

Poemas (La Habana, 1942).

Saúl sobre su espada (La Habana: Ediciones Clavileño, 1942).

Poemas escritos en España (Madrid: Cuadernos Hispanoamericanos, 1960).

Memorial de un testigo (Madrid: Ediciones Rialp. 1966).

Magias e invenciones (Madrid: Ediciones Cultura Hispánica, 1984). Edición a cargo de Pedro Shimose.

Poemas invisibles (Madrid: Editorial Verbum, 1991).

Autoantología comentada (Madrid: Signos, 1992).

Poesía Completa, 1935-1994. (Salamanca: Fundación Hispano Central Hispano, 1995). Edción a cargo de Alfonso Ortega Carmona y Alfredo Pérez Alencart.

Antología 1937-1994 Gastón Baquero (Bogotá: Editorial Norma, 1996). Edición a cargo de Efraín Rodríguez Santana.

Testamento del pez. Antología. (Matanzas: Ediciones Vigía, 1996). Edición a cargo de Alfredo Zaldívar.

Palabras en la arena. Antología (Cáceres: Ediciones Cocodrilo Verde, 1997). Selección de Rosario Hiriart.

Dos poemas de Gastón Baquero Valladolid: Ediciones el Gato Gris, 1997). Con dos grabados de Ramón Rodríguez y poemas manuscritos del autor.

---

1 Compilación y actualización de Felipe Lázaro (2012).

Poesía completa (Madrid: Editorial Verbum, 1998).

I Labirinti del tempo. Antología poética. (Trieste: Franco Puzzo Editore, 1998). Selección y traducción de Gaetano Logo. (En italiano).

La patria sonora de los frutos. Antología poética de Gastón Baquero (La Habana: Editorial Letras Cubanas, 2001). Edición a cargo de Efraín Rodríguez Santana.

Poesie invisibili e altre magie. Antología poética. (Firenze: Casa Editrice Le Lettere, 2001). Introducción, selección y traducción de Gaetano Longo. (En italiano).

Gastón Baquero. Poemas (Atenas: Arktos, 2001). Traducción de Elena Jaratsi. (En griego).

Gastón Baquero. Antología poética. (Valencia: Pretextos, 2002). Selección y prólogo de Francisco Brines.

Canción de amor de Sancho a Teresa (Holguín: Editorial Cuadernos de Papiros, 2006). Edición de Jorge Ribail Reyes.

The Angel of Rain. Poems by Gastón Baquero. (Antología bilingüe: español-inglés). Traductores: Greg Simon y Stephen F. White. (Washington: Editorial Eastern Washington University, 2006).

Gastón Baquero, Testament des Fisches / Testamento del pez (Gedichtet / Poemas 1941-1994). Traducción de Juana y Tobías Burghardt (Zurich, Teamart Verlag, 2008). (En alemán).

Com olhos de peix (Antología bilingüe: español-portugués). Organización, selección y prólogo de Efraín Rodríguez Santana. (Brasil: Lumme, 2010). Traductores: Horacio Costa, Ronald Polito, Maria da Paz Ribeiro Dantas, Eduardo Jorge, Ruy Vasconcelos, João Amando, Nícollas, Ranieri, Francisco Dos Santos, Adriana Zapparoli, Fábio Aristimunho Vargas, Virna Teixeira, Antonio Moura y Claudio Daniel.

Ensayo:

Ensayos (La Habana, 1948).

Escritores hispanoamericanos de hoy (Madrid: Instituto de Cultura Hispánica, 1966).

La evolución del marxismo en Hispanoamérica (Madrid, 1966).

Darío, Cernuda y otros temas poéticos (Madrid: Editora Nacional, 1969).

Gertrudis Gómez de Avellaneda (Madrid: Fundación Universitaria Española, 1974) en colaboración con Carmen Bravo-Villasante y José Escarpanter.

Páginas españolas sobre Simón Bolívar (Madrid: Ediciones Cultura Hispánica, 1983).

Indios, blancos y negros en el caldero de América (Madrid: Ediciones Cultura Hispánica, 1991).

Acercamiento a Dulce María Loynaz (Madrid: Ediciones Cultura Hispánica, 1993).

La fuente inagotable (Valencia: Pre-Textos, 1995).

Ensayo (Salamanca: Fundación Central Hispano, 1995). Edición a cargo de Alfonso Ortega Carmona y Alfredo Pérez Alencart.

Primeros textos, 1936-1945. (Islas Canarias: Ateneo de La Laguna, 2001). Preliminar y compilación de Alberto Linares Brito.

Eternidad de Juan Ramón Jiménez (Madrid: Signos, 2003).

Geografía literaria, 1945-1966. (Madrid: Signos, 2007). Edición de Alberto Díaz Díaz. Epílogo de Ángel Rodríguez Abad.

Andaluces (Sevilla: Editorial Renacimiento, 2009). Presentación de Alberto Díaz Díaz.

Apuntes literarios de España y América (Sevilla: Editorial Renacimiento, 2011). Edición de Alberto Díaz Díaz.

Imagen total de Andrés Bello (inédito).

Otros libros sobre Gastón Baquero

Conversación con Gastón Baquero (Madrid: Editorial Betania, 1987), de Felipe Lázaro.

Celebración de la existencia. Homenaje internacional al poeta cubano Gastón Baquero. (Salamanca: Cátedra de Poética Fray Luis de León / Universidad Pontificia de Salamanca, 1994). Edición a cargo de Alfonso Ortega Carmona y Alfredo Pérez Alencart.

Conversación con Gastón Baquero (Madrid: Editorial Betania, 1994), de Felipe Lázaro. Prólogo de Juan Gustavo Cobo Borda y Epílogo de José Prats Sariol. 2ª edición aumentada.

Entrevistas a Gastón Baquero (Madrid: Editorial Betania, 1998) , de Felipe Lázaro, Carlos Espinosa Domínguez, Bladimir Zamora Céspedes, Efraín Rodríguez Santana, Alberto Díaz Díaz y Niall Binns. Prólogo de Pedro Shimose y Epílogo de Pío E. Serrano.

Aproximación a la poesía de Gastón Baquero (Salamanca: Celas, 2001), de Luis Frayle Delgado. Prólogo de Alfredo Pérez Alencart.

Gastón Baquero: La invención de lo cotidiano (Madrid: Editorial Betania, 2001), de Felipe Lázaro. Prólogo de José Olivio Jiménez. Prefacio de Efraín Rodríguez Santana. Epílogo de Bladimir Zamora Céspedes.

Gastón Baquero, el testigo y su lámpara: para un relato de la poesía como conocimiento en Gastón Baquero (La Habana: Ediciones Unión, 2001), de Walfrido Dorta. Premio UNEAC.

Polémica literaria entre Gastón Baquero y Juan Marinello, 1944,(Sevilla: Espuela de Plata, 2005) de Amauri Francisco Gutiérrez Coto.

Destellos y desdén. Biografía de Gastón Baquero (Sevilla: Editorial Advicium, 2008), de Alberto Díaz Díaz.

Cubanos Ilustres .Impronta y magisterio en Óscar Fernández de la Vega, José Olivio Jiménez y Gastón Baquero (Madrid: Editorial Visión Libros, 2009), de Alberto Díaz Díaz.

Perfil íntegro de Gastón Baquero (Madrid: Editorial Visión Libros, 2011), de Alberto Díaz Díaz.

.

Conversaciones con Gastón Baquero (Madrid: Editorial Betania, 2012), de Felipe Lázaro. Prólogo de Alfredo Pérez Alencart, Prefacio de Jorge Luís Arcos y Epílogo de León de la Hoz.

Revista fundada por Gastón Baquero en La Habana

Clavileño. Cuaderno mensual de poesía. Nº 1 – 7. La Habana, 1942-1943. (Sevilla: Editorial Renacimiento, 2010), de VV.AA. Edición de Amauri F. Gutiérrez Coto.

Tesis Doctorales

Perfil íntegro de Gastón Baquero (Universidad Complutense de Madrid: Facultad de Ciencias de la Información, 2004), de Alberto Díaz Díaz.

Conciencia de la condena y de la libertad en la obra poética del afrocubano Gastón Baquero (Universidad de Alcalá: Facultad de Filología, 2004), de Clément Akassi Animan.

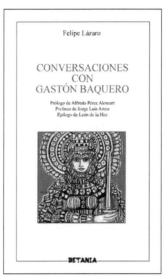

2012

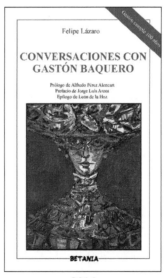

2014

Volver a conversar con Gastón Baquero

Lo primero que uno recupera con estas *Conversaciones* es la propia vida de Gastón Baquero, el reverso de su poesía, y eso lo hace un libro imprescindible para ver y comprender mejor la otra parte de la obra del poeta, aquella que conforma las vivencias biográficas y el argumentario conceptual en la que se funda. Un libro de entrevistas supone un relato más o menos interesante con la intención de revelar aquello que habitualmente no está a nuestro alcance y, no obstante, puede ayudar a comprender al protagonista. En este caso no sólo se trata de un libro que nos ayude a entender a Gastón, sino también de acercarnos de otra manera a asuntos claves de la literatura y el contexto social y político vividos por él. Volvemos a conversar con Gastón desde su sillón en el cielo de los poetas.

Cualquier lectura es la conversación con alguien que nos quiere decir algo, la de este libro es una conversación que el lector tendrá con alguien que no está, pero estuvo y dejó un rastro aún sin definir del todo. Más bien esta es la conversación con un ausente que no se ha ido y espera a que se le encuentre como merece. Gastón, un gran conversador, no fue un entusiasta de las entrevistas, como tampoco lo fue a las fotografías, sin embargo si fue uno de los últimos hombres cultos de Cuba a quien le seducía una buena conversación que, como todas, debe tener uno o varios buenos interlocutores, cuanto menos mejor. Ese hilo de la cultura cubana que son las conversaciones y que nos identifica en el mundo como grandes habladores, tuvieron su sombra en el Cafetal de Angerona o las tertulias improvisadas al fresco de las casonas y palacetes donde se refugiaba la cultura de diferentes épocas, tienen en Gastón un seguidor amable e implacable que el libro *Conversaciones* retoma de cierto modo.

Gastón no fue un hablador, sino un gran conversador. La primera condición de una buena conversación o una entrevista es que los interlocutores no crean ser los protagonistas y cada cual pueda andar con placer y libertad los caminos del diálogo. Esa era una de las cosas que mejor se podía apreciar en las charlas de Gastón, no importaba el tema ni los presentes, siempre acerca de él con ganas de oír a uno de los hombres más conocedores de la historia y la intrahistoria del país, que dominaba como nadie por motivo de su privilegiada posición en los círculos sociales, culturales y políticos de la Cuba prerrevolucionaria. Aunque él sabía y se inquietaba humildemente porque había quienes se le acercaban como los turistas al Morro de La Habana —esas eran sus palabras para describir la impresión que recibía— él mismo disfrutaba de las buenas conversaciones con los nuevos y viejos amigos sobre los más variados asuntos que abarcaba su infinita curiosidad por todo.

Nada puede sustituir las conversaciones que los amigos anhelábamos de Gastón, no obstante, tener en las manos un libro que reúne un poco de las mismas, como fragmentos salvados de las cosas que sólo él nos podría hablar, es un privilegio nada desdeñable cuando ese interlocutor voraz al marcharse nos privó de su voz, su experiencia, la vida y el talento que dio lugar a una obra poética gigante, que parecía pasar con pies de seda, sin estridencias por la alfombra de los elegidos, pero también creador de una importante obra ensayística y de periodismo que está por publicar todavía. Estas conversaciones, indirectamente, nos rescatan parte de esa obra que aún no ha sido publicada. Nos señalan o explican en algunos casos hechos del contexto cultural, social y político del autor a partir de la intervención del mismo como protagonista de su propia vida e interlocutor de ella. Son un testimonio de primera mano de aquello que nadie puede contarnos mejor que él.

No hay duda de que Gastón está incompleto, lamentablemente, y que no es el mundo de los cubanos donde más se ha hecho por rescatar la obra total que merece conocerse, aunque es en ese ámbito donde su trabajo terminará por ser admirado de un modo natural y merecido. Sus recopilaciones críticas sobre Simón Bolívar y Andrés Bello o su inmenso trabajo periodístico, sobre todo el que desarrolló desde el *Diario de la Marina*, son fragmentos de esa visión particular que un autor como él tuvo de todo aquello que abarcaba su fecunda inteligencia y genio y que en estas entrevistas se entrevé con particular agudeza. Posiblemente muchas de las cosas que sabemos de Gastón y su poética están contenidas en estas entrevistas, ya que abarcan un espectro rico y disímil sobre su vida, obra y preocupaciones literarias o sociales fundamentales. Lo otro es el conocimiento que se llevó consigo, parte del cual cuelga de alfileres en la memoria de quienes tuvimos la suerte de estar cerca de él y admirarlo.

Este libro nos permite acceder sin permiso a esos diálogos que sostuvieron el autor del libro y Gastón, aunque nos tengamos que perder el lenguaje oral y las manos del poeta al poner las palabras en el aire, con esa manera tan suya de quien se sabe hechicero e interpone sus manos entre él y los demás, como un gran conversador que habla al compás de una música compuesta para él. Para algunos conversar es una de las bellas artes, Gastón era un artista consumado que no se dejaba seducir por cualquier conversador, de modo que conversar con él a través de *Conversaciones* es un lujo. En ocasiones, cuando tenía que hacer viajes largos en tren, se sentaba en su asiento y se colocaba al cuello un cartel preparado previamente, que de decía, "Soy sordomudo", así podía evitar la charla de cualquiera. En este caso no podrá evitar que todos nos podamos acercar a dialogar con su sombra bajo el hechizo de la memoria.

Con este libro que nos regala la editorial Betania podemos revivir las múltiples conversaciones que tuvo a solas con él mismo, las que prefirió evitar y las otras que sus amigos disfrutamos de la fuente inagotable de su palabra, de su genio y sabiduría cubanas. En una ocasión le pregunté porqué no preparaba un libro de apuntes sobre su época, ya que podría ser un punto de vista esclarecedor de una herencia manipulada por intereses donde la contingencia ideológica y política era la razón principal, y me dijo: no puedo escribir todo lo que sé porque le haría daño a Cuba. Ahí queden estas palabras de silencio como uno de sus mejores aportes al diálogo entre cubanos. Nos perdimos ese testimonio, pero al menos nos quedan estos retazos de sí mismo y su obra merecedora que tal vez no merecemos.

León de la Hoz
North Carolina

León de la Hoz. (Santiago de Cuba). Poeta y novelista cubano. En la década de los '80, obtuvo varios premios nacionales, como el David (1984) y el Julián del Casal (1987) de la UNEAC. En La Habana dirigió *La Gaceta de Cuba* y, recientemente, fue cofundador y director de la revista digital *Otrolunes*. Escribe el blog *Hábeas Corpus*. Sus últimos libros publicados son: su novela *La semana más larga* (2007) y el poemario *Vidas de Gulliver* (2012).

APÉNDICE

POEMAS DE GASTÓN BAQUERO
(Selección de Felipe Lázaro, 2019)

El orgullo común por la poesía nuestra de antaño, escrita en o lejos de Cuba, se alimenta cada día, al menos en mí, por la poesía que hacen hoy -¡y seguirán haciendo mañana y siempre!- los que viven en Cuba como los que viven fuera de ella. Hay en ambas riberas jóvenes maravillosos. ¡Benditos sean! Nada puede secar el árbol de la poesía".

Gastón Baquero, 1991.

***

Qué pasa, qué está pasando

Qué pasa, qué está pasando siempre debajo del jardín
que las rosas acuden sin descanso.
Qué está pasando siempre bajo ese oscuro espejo
donde nada se oculta ni disuelve.
Qué pasa, qué está pasando siempre debajo de la sombra
que las rosas perecen y renacen.
Que nunca se desmiente su figura,
que son eternas sombras, idénticos recuerdos.
Qué está pasando siempre bajo la tierra oscura
donde la luz levanta rubias alas
y se despliega límpida y sonora.
Qué está pasando siempre bajo el cuerpo secreto de la rosa
que no puede negarse el cielo temporal de los jardines,
que no puede evitar el ser la rosa, precisa voluntad, sueño visible.
Qué pasa, qué está pasando siempre sobre mi corazón
que me siento doliéndola a la sombra,
estorbándole al aire su perfil y su espacio.
Y nunca accedo a destruir su nombre,
y no aprendo a olvidarme, y a morir lentamente sin deseos,
como la rosa límpida y sonora que nace de lo oscuro.
Que se inclina hacia el seno impasible de la tierra
confiando en que la luz la está esperando, creándose la luz,
eternamente fija y libertada bajo el cuerpo secreto de la rosa.

(*Poemas*, La Habana, 1942).

.

71

Testamento del pez

Yo te amo, ciudad,
aunque sólo escucho de ti el lejano rumor,
aunque soy en tu olvido una isla invisible,
porque resuenas y tiemblas y me olvidas,
yo te amo, ciudad.

Yo te amo, ciudad,
cuando la lluvia nace súbita en tu cabeza
amenazando disolverte el rostro numeroso,
cuando hasta el silente cristal en que resido,
las estrellas arrojan su esperanza,
cuando sé que padeces,
cuando tu risa espectral se deshace en mis oídos,
cuando mi piel te arde en la memoria,
cuando recuerdas, niegas, resucitas, pereces,
yo te amo, ciudad.

Yo te amo, ciudad,
cuando desciendes lívida y extática
en el sepulcro breve de la noche,
cuando alzas los párpados fugaces
ante el fervor castísimo,
cuando dejas que el sol se precipite
como un río de abejas silenciosas,
como un rostro inocente de manzana,
como un niño que dice acepto y pone su mejilla.

Yo te amo, ciudad,
porque te veo lejos de la muerte,
porque la muerte psa y tú la miras
con tus ojos de pez, con tu radiante
rostro de un pez que se presiente libre;
porque la muerte llega y tú la sientes
cómo mueve sus manos invisibles,
cómo arrebata y pide, cómo muerde
y tú la miras, la oyes sin moverse, la desdeñas,

vistes la muerte de ropajes pétreos,
la vistes de ciudad, la desfiguras
dándole el rostro múltiple que tienes,
vistiéndola de iglesia, de plaza o cementerio,
haciéndola quedarse inmóvil bajo el río,
haciéndola sentirse un puente milenario,
volviéndola de piedra, volviéndola de noche,
volviéndola ciudad enamorada, y la desdeñas,
la vences, la reclinas,
como si fuese un perro disecado,
o el bastón de un difunto,
o las palabras muertas de un difunto.

Yo te amo, ciudad,
porque la muerte nunca te abandona,
porque te sigue el perro de la muerte
y te dejas lamer desde los pies al rostro,
porque la muerte es quien te hace el sueño,
te inventa lo nocturno en sus entrañas,
pasearse en tus jardines con sus ojos color de amapola,
con su boca amorosa, su luz de estrella en los labios,
la escuchas cómo roe y cómo lame,
cómo de pronto te arrebata un hijo,
te arrebata una flor, te destruye un jardín,
y te golpea los ojos y la moras
sacando tu sonrisa indiferente,
dejándola que sueñe con su imperio,
soñándose tu nombre y tu destino.
Pero eres tú, ciudad, color del mundo,
tú eres quien haces que la muerte exista;
la muerte está en tus manos prisionera,
es tus casas de piedra, es tus calles, tu cielo.

Yo soy un pez, un eco de la muerte,
en mi cuerpo la muerte e aproxima
hacia los seres tiernos resonando,
y ahora la siento en mí incorporada,
ante tus ojos, ante tu olvido, ciudad, estoy muriendo,
me estoy volviendo un pez de forma indestructible,
me estoy quedando a solas con mi alma,
siento cómo la muerte me mira fijamente,

cómo ha iniciado un viaje extraño por mi alma,
cómo habita mi estancia más callada,
mientras descansas, ciudad, mientras olvidas.

Yo no quiero morir, ciudad, yo soy tu sombra,
yo soy quien vela el trazo de tu sueño,
quien conduce la luz hasta tus puertas,
quien vela tu dormir, quien te despierta;
yo soy un pez, he ido niño y nube,
por tus calles, ciudad, yo fui geranio,
bajo algún cielo fui la dulce lluvia,
luego la nieve pura, limpia lana, sonrisa de mujer,
la aurora, lo nocturno, lo imposible,
el fruto que madura, el brillo de una espada,
yo soy un pez, ángel he sido,
cielo, paraíso, escala, estruendo,
el salterio, la flauta, la guitarra,
la carne, el esqueleto, la esperanza,
el tambor y la tumba.

Yo ye amo, ciudad,
cuando persistes,
cuando la muerte tiene que sentarse
como un gigante ebrio a contemplarte,
porque alzas sin paz en cada instante
todo lo que destruye con sus ojos,
porque si un niño muere lo eternizas,
si un ruiseñor perece tú resuenas,
y siempre estás, ciudad, ensimismada,
creándote la eterna semejanza,
desdeñando la muerte,
cortándole el aliento con tu risa,
poniéndola de espalda contra un muro,
inventándote el mar, los cielos, los sonidos,
oponiendo a la muerte tu estructura
de impalpable tejido y de esperanza.

Quisiera ser mañana entre tus calles
una sombra cualquiera, un objeto, una estrella,
navegarte la dura superficie dejando el mar,

dejarlo con su espejo de formas moribundas,
donde nada recuerda tu existencia,
y perderme hacia ti, ciudad amada,
quedándome en tus manos recogido,
eterno pez, ojos eternos,
sintiéndote para por mi mirada
y perderme algún día dándome en nube y llanto,
contemplando, ciudad, desde tu cielo único y humilde
tu sombra gigantesca laborando,
en sueño y en vigilia,
en otoño, en invierno,
en medio de la verde primavera,
en la extensión radiante del verano,
en la patria sonora de los frutos,
en las luces del sol, en las sombras viajeras por los muros,
laborando febril contra la muerte,
venciéndola, ciudad, renaciendo, ciudad, en cada instante,
en tus peces de oro, tus hijos, tus estrellas.

Diez poetas cubanos, La Habana, 1948).

Memorial de un testigo

I

Cuando Juan Sebastián comenzó a escribir *Cantata del café,*
yo estaba allí:
llevaba sobre sus hombros, con la punta de los dedos,
el compás de la zarabanda.

Un poco antes,
cuando el *siñorino* Rafael subió a pintar las cameranas vaticanas
alguien que era yo le alcanzaba un poquito de blanco sonoro bermejo,
y otras gotas de azul virginal, mezclando y atenuando,
hasta poner entre ambos en la pared el sol parido otra vez,
como el huevo de una gallina alimentada con azul de Metilene.

¿Y quién les sostenía el candelabro a Mozart,
cuando simboliteaba (con la lengua entre los dientecillos de ratón)
los misterios de la Flauta y el dale que dale al Pajarero y a la Papagina?
¿Quién con la otra mano, e tendía un alón de pollo y un vasito de vino?

Pero si también yo estaba allí, en el Allí de un Espacio escribible
    con mayúsculas,
en el instante en que el Señor Consejero mojaba la pluma de ganso
    egandino,
y tras, tras, ponía en la hojita blanca (que yo iba secando con
    acedera meticulosamente)
Elegía de Marienbad, anén de sus lágrimas.

        Y también allí, haciendo el palafrenero,
cuando tuvo que tomar de las bridas al caballo del Corso
y echar a correo Waterloo abajo. Y allí, de prisa, un tantito más lejos,
    yo estaba
junto a un hombre pomuloso y triste, feo más bien y demasiado claro,
quien se levantó como un espantapájaros en medio de un cementerio, y
se
    arrancó diciendo:
Four score and seven years ago.

Y era yo además quien, jadeante, venía (un tierno gramo de ébano
    corre por las orillas de Manajata)
de haber dejado en la puerta de un hombre castamente erótico como
    el agua,
llamado Walterio, Walterio Whitman, si no olvido,
una cesta de naranjas y unos repollos morados para su caldo,
envío secretísimo de una tía suya, cuyo rígido esposo no consentía tratos
con el poco decente gigantón oloroso a colonia.

II

Ya antes de todo tiempo yo había participado mucho. Estuve presente
(sirviendo copas de licor, moviendo cortinajes, entregando almohadones,
    cierto, pero estuve presente),
en la conversación primera de Cayo Julio con la Reina del Nilo:
una obra de arte, os lo digo, una deliciosa anticipación del psicoanálisis
    y de la radioactividad.

La reina llevaba cubierta de velos rojos su túnica amarilla,
y el romano exhibía en cada uno de sus dedos un topacio descomunal,
    homenaje frustrado
a los ojos de la Asombrosa Señora. ¿Quién, quién pudo engañarle a él,
    azor tan sagaz, mintiéndole el color de aquellos ojos?

Nosotros en la intimidad le decíamos Ojito de Perdiz y Carita de Tucán,
pero en público la mencionábamos reverentemente como Hija del Sol
    y Señora del Nilo,
y conocíamos el secreto de aquellos ojos, que se abrían grises con el albor
    de la mañana,
y verdecían lentamente con el atardecer.

III

Luego bajé a saltos las escaleras del tiempo, o las subí, ¡quién sabe!
para ayudar un día a ponerse los rojos calzones al Rey Sol en persona
(la música de Lalande nos permitía bailar mientras trabajábamos):
y fui yo quien en Yuste sirvió su primera sopita de ajos al Rey,
ya tenía la boca sumida, y le daba cierto trabajo masticar el pan,

y entré luego al cementerio para acompañar los restos de Monsieur
   Blas Pascal,
que se iba solo, efectivamente solo, pues nadie murió con él ni muere
   con nadie.
¡Ay las cosas que he visto sirviendo de distracción al hombre
   y engañándole sobre su destino!

Un día, dejadme recordad, vi a Fra Angélico descubrir la luz de cien mil
   watios,
y escuché a Schubert en persona, canturreando en su cuarto
   la Bella Molinera.

No sé si antes p después o siempre o nunca, pero yo estaba allí,
   asomado a todo
y todo se me confunde en la memoria, todo ha sido lo mismo:
un muerto al final, un adiós, unas ceniza revoladas, ¡pero no un olvido!
porque hubo testigos, y habrá testigos, y si no es hombre será el cielo
   quien recuerde siempre
que ha pasado un rumoroso cortejo, lleno de vestimentas y sonatas,
   lleno de esperanzas
y rehuyendo el temor: siempre habrá un testigo que verá convertirse
   en columnilla de humo
lo que fue una meditación o una sinfonía, y siempre renaciendo.

IV

   Yo estuve allí,
alcanzándole su roja peluca a Antonio Vivaldi cuando se disponía
   a cantar el *Dixit*,
yo estuve allí, afilando los lápices de Mister Isaac Newton, el de
   los números como patitas de mosca,
y unos días después fui el atribulado espectador de aquel médico
   candoroso
que intentaba levantar una muralla entre el ceñudo portaestandarte
   Cristóbal Rilke
y la muerte que él, dignamente, se había celosamente preparado.
   Sobre los hombros de Juan Sebastián,

con la punta de los dedos, yo llevaba el compás de la zarabanda.
Y no olvido nunca,
guardo memoria de cada uno de los trajes de fiesta del Duque de Gandía,
    pero de éstos,
de estos rojos tulipanes punteaditos de oro, de estos tulipanes que
    adornan mi ventana,
ya no sé si me fueron regalados por Cristina de Suecia o por
    Eleonora Duse.

Silente compañero

(*Pie para una foto de Rilke niño.*)

Parece que estoy solo,
diríase que soy una isla, un sordomudo, un estéril.
Parece que estoy solo, viudo de amor, errante,
pero llevo de la mano a un niño misterioso,
que a veces crece de repente, y es un soldado aherrojado,
o es un hombre mayor meditabundo, un huésped del reino de los
    lúcidos,
y se encoge luego, se recoge hasta devolverse a la niñez,
con sus ojos denominables arcano, con su látigo inútil, con su estupor,
y este niño retráctil me acompaña, y se llama Rainiero en ocasiones,
y en otras el Presente, y el Caballero Huérfano, y el Soldado sin
    Dormir Posible,
y comulga con el comunicado mundo de ultratumba,
y conoce el lenguaje de os que abandonaron, condenados, el cuerpo,
y pelean a alma limpia por convencer a Dios de que se ha equivocado.

Parece que estoy solo en medio de esa fría trampa del universo,
donde el peso de las estrellas, el imponderable peso de Ariadna,
es tan indiferente como el peso de la sangre,
o como el ciego fluir de la médula entre los huesos;
parece que estoy solo, viendo cómo Dios le da lo mismo
que la vida tome en préstamo la envoltura de un hombre o la concha
    de un crustáceo,
viendo lleno de cólera que Pergolesi vive menos que la estólida tortuga,
y que este rayo de luz no quiere iluminar nada,
y el sol no sospecha siquiera que es nuestro segundo padre.

Parece que estoy solo, y ese niño del látigo fláccido está junto a mí,
derramando como compañía su mirada sagaz, temerosa porque ha
    reconocido
el vacío futuro que le espera;
parece que estoy solo, y golpeándome el hombro está este niño,
este aislado de la multitud, lleno de piedad por ella,
que se inclina sobre el centro del misterio,
y golpea y maldice,
y hace estremecerse al barro y al arcángel,

porque es el Testimonio, el niño pródigo que trae la corona de espinas,
la verdad asfixiante del sordo y ciego cielo.

Cuando yo mismo sueño que estoy solo,
tiendo la mano para no ver el vacío,
y esta mano real, ese concreto universo de la mano,
con destino en sí misma, inexorablemente creada para ser osamenta
    y ser polvo,
me rompe la soledad, y se aferra a la mano del niño, y partimos
hacia el bosque donde el Unicornio canta,
donde la pobre doncella se peina infinitamente,
mientas espera y espera, y espera , y espera,
acompañada por las rotas soledades de otros seres,
conscientes del misterio, decididos a insistir en sus preguntas,
reacios a morir sin haber encontrado la clave de esta trampa.

Parece que estoy solo,
pero llevo en derredor un mundo de fantasmas,
de realidades enigmáticas como el pan y la silla,
y ya no siento asombro de llamarme Roberto o Antonio o Segismundo,
o de ser quizá un árbol a cuyo pie descansa un peregrino
en cuya mente vive como metáfora de su realidad la persona que soy;
pues sé que estoy aquí, destruible pero ya irrevocable,
y si soy sueño, soy un sueño que ya no puede ser borrado;
y una lejana voz confirma todas las anticipaciones,
y alguien dice -¡no sé, no quiero oírlo!-
que de esta trampa ni Dios mismo puede librarnos,
que Dios también está cogido en la trampa, y o puede dejar de ser Dios,
porque la Creación cayó de sus manos al vacío,
tan perfecta y completa que el Señor, satisfecho,
se dedicó a crear otras creaciones,
y va de jardín celeste en jardín celeste, dando cuerda al reloj,
    atizando los fuegos,
y nadie sabe por dónde anda ahora Dios, a esta hora del día o de la
    noche,
ni en cuál estrella se encuentra renovando su curioso experimento,
ni por qué no deja que veamos la clave de esta trampa
la salida de este espejo sin marco,
donde de tarde en tarde parece que va a reflejarse la imagen de Dios
y cuando nos acercamos trémulos, reconocemos el nítido rostro
    de la Nada.

Con ese niño del látigo en la mano voy hacia el amanecer o
hacia el morir.
Comprendo que todo ya está escrito, y borrado, y vuelto a escribir,
porque la sucia piel del hombre es un palimpsesto donde emborrona
y falla sus poemas
el Demonio en persona;
comprendo que todo está escrito, y rechazo esa lluvia sin cielo
que es el llanto;
comprendo que nacieron ya las mariposas
que obligarán a palmotear de alegría a un niño que
inexorablemente nacerá esta noche,
y siento que todo está escrito desde hace milenios y para milenios,
y yo dentro de ello:
escrita la desesperación de los desesperados y la conformidad
de los conformes,
y echo a andar sin más, y me encojo de hombros, sin risas y sin
llantos, sin lo inútil,
llevando de la mano a este niño, silente compañero,
o soñándole a Dios el sueño de llevar de la mano a un niño,
antes de que deje de ser ángel,
para que pueda con el arcano de sus ojos
iluminarnos el jardín de la muerte.

Relaciones y epitafio de Dylan Thomas

Era como un biznieto de Federico Nietzche.
Era el acólito predilecto de Georges Sorel.
Era como el sobrino de Ernesto Hemingway.
Era el niño que lee a Splenger en lugar del Evangelio.
Era como el novio de Arturito Rimbaud.
Era el valet de chambre de Isidore Ducase.
Era el kinder compañero de Capote y de James Dean.
Era el office-boy de Arturo Strindberg.
Era el peor recuerdo de Oscar Wilde en París.
Era el robafichas de Dostoievski en Baden Baden.
Era el firma manifiestos de John Osborne.
Era el hijo secreto de Getrude Stein y Bertolt Brecha.
Era el cliente fijo de Freíd y María Bonaparte.
Era el pianista favorito de Bela Bartok.
Era el teen-agers que la noche cuelga en la 42.
Era el taquígrafo de Henry Millar y de Ezra Pound.
No nació en Gales: nació en un cuento de Williams, Tennessee.

Y con todo eso, un día, ¡chas!
Los bosques de Escocia sintieron caer un árbol
Que había sido muy remecido por el ventarrón de la poesía.
Y aquí yace, cubierto por la espuma de la cerveza
Y ahogado por la amarguísima leche de la vida,
                    Aquí yace, Dylan Thomas.

Los lunes me llamaba Nicanor

Yo los lunes me llamaba Nicanor.
Vindicaba el horrible tedio de los domingos
Y desconcertaba por unas horas a las doncellas
Y a los horóscopos.

El martes es un día hermoso para llamarse Adrián.
Con ello se vence el maleficio de la jornada
Y puede entrarse con buen pie en la roja pradera
Del miércoles,
Cuando es tan grato informar a los amigos
De que por todo ese día nuestro nombre es Cristóbal.

Yo en otro tiempo escamoteaba la guillotina del tiempo
Mudando de nombre cada día para no ser localizado
Por la señora Aquella,
La que transforma todo nombre en un pretérito
Decorado por las lágrimas.

Pero ya al fin he aprendido que jueves Melitón,
Recadero viernes, sábado Alejandro,
No impedirán jamás llegar al pálido domingo innominado
Cuando ella bautiza y clava certera su venablo
Tras el antifaz de cualquier nombre.

Yo los lunes me llamaba Nicanor.
Y ahora mismo no recuerdo en qué día estamos
Ni cómo me tocaría hoy llamarme en vano.

(1965)

Fábula

Mi nombre es Filemón, mi apelllido Ustariz.
Tengo una vaca, un perro, un fusil y un sombrero;
vagabundos, errantes, sin más tierra que el cielo,
vivimos cobijados por el techo más alto:
ni lluvias ni tormentas, ni océanos ni ríos,
impiden que vaguemos de pradera en pradera.
Filemón es mi nombre, Ustariz mi apellido.
No dormimos dos veces bajo la misma estrella;
cada día un paisaje, cada noche otra luz,
un viajero hoy nos halla junto al río Amazonas,
y mañana es posible que en río Amarillo
aparezcamos justo al irrumpir el sol.
Somos como las nubes, pero reales, concretos:
un hombre, un perro, una vaca, un sombrero,
apestamos, queremos, odiamos y nos odian,
vagabundos, errantes, sin más tierra que el cielo
-Filemón es mi nombre, Ustariz mi apellido-;
los míos me acompañan, lucientes o sombríos,
pero con nombres propios, con sombras bien corpóreas,
seres corrientes, sueños, efluvios de una magia
que hace de lo increíble lo solo que creemos.
Filemón es mi nombre, Ustariz mi apellido;
somos materia cierta, cifras, humareda,
llevados por el viento, hambrientos de infinito,
un perro, una vaca, un palpable sombrero;
simples y sin misterio seguimos el viaje:
por eso yo declaro al tomar el camino,
que es Filemón mi nombre y Ustariz mi apellido
que la vaca se llama Rosamunda de Hungría,
y que al perro le puse el nombre de una estrella:
le digo Aldebarán, y brinca, y ríe, y canta,
como un tenor que quiere romperse la garganta.

(Memorial de un testigo, Madrid, 1966).

Manos

¿Irías a ser ciega que Dios te dio esas manos?
Te pregunto otra vez.

Vicente Huidobro

Me gustaría cortarte las manos con un serrucho de oro.
O quizás fuera mejor dejarte las manos en su sitio
Y rodearte todo el cuerpo con una muralla de cemento,
Con sólo dos agujeros precisos
Para que por ellos sacases las manos a que aleteasen,
Como palomas o como prisioneros de un rey implacable.

Tus manos estarían bien guisadas con tiernos espárragos,
Doradas lentamente al horno de la devoción y del homenaje;
Tus manos servidas por doncellas de cofias verdes,
Trinchadas por Trimalción con tenedores de zafiro.
Porque después de todo hay que anticiparse a la destrucción,
Destruyendo a nuestro gusto cuanto amamos:
Y si tus manos son lo más hermoso de tu cuerpo,
¿Por qué habíamos de dejar que pereciesen envejecidas,
Sarmentosas ya, horripilantes manos de anciano general o magistrado?

Procedamos a tiempo, y con cautela: un fino polvo de azafrán,
Unas cucharaditas de aceites de la Arabia perfumante,
Y el fuego, el fuego santificador, el fuego que perpetúa la belleza.
Y luego tus manos hermosísimas ya rescatadas para siempre.
Empanizadas y olorosas al tibio jerez de las cocinas:
¡Comamos y salvemos de la muerte, comamos y cantemos!

¿Irías a ser ciega que Dios te dio esas manos? Creo que sí.
Por esto te suplico pases por el verdugo mañana a las seis en punto,
Y dejes que te cercene las manos prodigiosas: salvadas quedarán,
Habrá para ellas un altar, y nos reiremos, nos reiremos a coro,
De la cólera ya inútil de los dioses.

El gato personal del conde Cagliostro

Tuve un gato llamado Tamerlán.
Se alimentaba solamente con poemas de Emily Dickinson,
y melodías de Schubert.

Viajaba conmigo: en París
le servían inútilmente en mantelitos de encaje Richelieu,
chocolatinas elaboradas para él por Madame Sevigné en persona,
pero él todo lo rechazaba,
con el gesto de un emperador romano
tras una noche de orgía.

Porque él sólo quería masticar,
hoja por hoja, verso por verso,
viejas ediciones de los poemas de Emily Dickinson,
y escuchar incesantemente,
melodías de Schubert.

(Conocimos en Munich, en una pensión alemana,
a Katherine Mansfield, y ella,
que era todo lo delicado del mundo,
tocaba suavemente en su violoncelo, para Tamerlán,
melodías de Schubert.)

Tamerlán se alejó del modo más apropiado:
paseábamos por Ámsterdam, por el barrio judío de Amsterdam
    concretamente,
y al pasar ante la más arcaica sinagoga de la ciudad,
Tamerlán se detuvo, me miró con visible resplandor de ternura en sus
    ojos,
y saltó al interior de aquel oscuro templo.

Desde entonces, todos los años,
envío como presente a la vieja sinagoga de Ámsterdam,
un manojo de poemas.
        De poemas que fueron llorados, en Amherst, un día,
por la melancólica señorita llamada Emily,
Emily, Tamerlán, Dickinson.

Joseíto Juai toca su violín en el Versalles de Matanzas

Cuando el niño Joseíto Juai tocaba el violín en el patio de la casa,
el gallito malatobo, el filipino, y el valenciano,
enarcaban sus cuellos y cantaban el quiquiriquí
de las grandes fiestas,
creyendo que había llegado el mediodía.

Dale que dale el niño, en su éxtasis,
entraba y salía sin cansancio de las melodías,
con el paso ligero de un enanito vestido de rojo
que corretea por el bosque y tararea
cancioncillas de los tiempos de Shakespeare,
y hace jubilosa cabriolas en festejo del sol,
porque él vive tan sólo de lo luminoso y lo diáfano,
y ama más que nada la luz convocada por el violín de este niño.

Cuando Joseíto Juai tocaba su violín, allá en el Versalles de Matanzas,
las mariposas se detenían a escucharle,
y también las abejas, los solibios, los sinsontes clarineros,
el tomeguín comedido, y las palomas, ¡siempre las palomas!,
las altísimas y las grises, con ese cuello que tienen
tan cuidadosamente irisado por los pinceles de Giotto.

Cuando ese niño tocaba su violín,
la puesta de sol se hacía lenta, llena de parsimonia,
porque el Señor del Mediodía no aceptaba perderse ningún sonido,
y sólo se decidía a hundirse en la extensión del horizonte
cuando la madre tomaba de la mano al niño y le decía:
-"Ya está bien de estudiar, que va a enfriarte el relente de la tarde;
deja por hoy tu violín: mañana volveremos a vivir en el reino de la luz,
y volverá el gallito malatobo a cantar su quiquiriquí de gloria".

(*Magias e invenciones*, Madrid, 1984).

Con Vallejo en París –mientras llueve

Metido bajo un poema de Vallejo oigo pasar el trueno y la centella.
"Hay bochinche en el cielo" dice impasible el indio acorralado
en callejón de Paris. Furiosa el agua retumba sobre el techo
blindado del poema. *Emprésteme* Abraham, le digo, un
        paraguas, un cacho
de nube seca como el chuño enterrado en la nieve. Estoy harto
de no entender el mundo, de ser el pararrayos del sufrir, de la
        frente al talón,
Alguien tiene que tenderme una mano que sea como un túnel
por donde al final no haya un cementerio. Dígame, Abraham,
cómo se las arregla para parir el poema que es ruana recia del indio,
y es al mismo tiempo hombreante poema panadero, padrote,
        semental poema.
Me cobijo, me enclaustro, me escabullo amigo Abraham en ese parapeto
de un poema suyo donde se puede agüaitar, arriba, el paso del hambre
que sale por el mundo a comerse gente carniprieta, a devorar
pobres y más pobres, requetecienmil pobres tiritando de hambre.
Oiga, Abraham, llamado César como un emperador de toga negra
        y corona
de espinas, ¿cómo se las arregla para tristear sus poemas, si nunca cesa
de llover miseria humana, y se nos tuercen todos los tacones
de los viejos zapatos, y el agua cala impiadosa los remiendos del
        poncho?
Y qué risa me da que use usted nombre de imperial romano. Usted
tendría que llamarse eternamente Abel o Adán, pero Abraham está bien:
la mamacita de usted le llamaba Abrancito y le decía niño no pienses
        tanto,
que en el pobre pensar no sirve para nada, pensar es sufrir más.

                    Oiga lo que le digo, Abraham:
tanta hambre paso en París que voy al Louvre a comerme el pan
        y los faisanes
de un bodegón holandés. Le arrebato a un hombre de Franz Hals
        un jarro
de cerveza y me harto de espuma. Salgo del museo limpiándome el
        hocico
con el puño cerrado y digo ¿cuándo parará de llover en este
        mundo, cuándo

en el techo de los pobres no rebotarán más piedras y lloverá maíz
en vez de luto?
Y agarro el bastón de Chaplin, me subo el cuello de la chaqueta y salgo
en busca de un refugio, de un cobijo donde pasar lo que reste de llanto.
Me siento a caminar por la tristura y vengo aquí al providente amigo
a pedirle emprestado un jergón para echarme a dormir, déjeme
por un siglo no más un poema suyo, testicular semilla, antihambre
poema,
antiodio poema vallejiano, déme un alarido sofocado por miedo al
carcelero,
un alarido en quéchua o en mandinga, pero con techo y suelo
donde echarse a morir,
digo, a dormir, me contradigo, me enrosco, me encuclillo, vuelvo a
ser feto
en el vientre de mi madre; me arrebujo y oigo su rezongar andino
sollozante:
a París le hace falta un Aconcagua, y voy a lloverle a Dios sobre
su misma cara
el sufrimiento de todos los humanos.

                                        Alguien dice *carcasse*
y yo digo esqueleto. Hasta de espaldas se ve que está llorando,
pero empresta
el refugio piadoso que le pido, y me echo a morir, digo, a dormir,
acorazado
por el poema de Abraham; de César, digo; quiero decir, Vallejo.

Manuela Sáenz baila con Giuseppe Garibaldi el rigodón final de la existencia

Para Carlos Contramaestre y
Salvador Garmendia

I

El mar ya estaba acostumbrado a adormecerse junto al puerto de Paita
con la cantinela armoniosa de aquella voz de mujer hecha seguramente
al mando y a la declaración impetuosa de sus pasiones.
                    Aquella voz
entraba en el mar con la autoridad de quien está acostumbrado
a dominar los cueros y las almas de los hombres, mujeres, caballos,
arcabuces, espadas.
                    Párrafos enteros de Plutarco
fascinaban desde aquel violoncelo los entresijos del mar, y los
        peces de Paita,
 familiarizados con páginas de Tácito y cartas de Bolívar,
iban y venían por el océano del Sur,
como van y vienen llenos de orgullo por su belleza
los leopardos de Kenia.
                    La mujer de voz de contralto
decía poemas, repetía proclamas y ardientes textos de amor
que le enviara un hombrecito endeble pero resistente a extinguirse,
un hombrecito fosforescente de quien ella había sido
la esposa y el marido, la emperatriz y la esclava.

                    Atónito el mar le escucha decir:
"Porque diciéndole en una ocasión Temístocles a Arístides que
la dote mayor de un general era
prevenir y antever los designios enemigos, respondíale Arístides:
"Bien es merecido esto, ¡oh, Temístocles, pero lo esencial y loable
en quien manda es conservar puras las manos!".

                    Y los ecos del mar
paseaban por el firmamento, desde el sillón de ruedas de la mujer
        de Paita,

palabras de Alejandro o repetían: "El sol, suspenso en la mitad del cielo
aplaudirá esta pompa. ¡Oh sol, oh padre!" Y a veces,
el mar se quedaba ensimismado, porque Manuela, vistiendo con gran
    gala
su uniforme de Coronel de Ayacucho congregaba
con suave autoridad a los niños indios y negros y mulatos de Paita,
y acompañada a la quena por un ciego cantaba en voz de plata
un grave himno, el que escribiera un viejo amigo suyo,
un hombre como ella infortunado, golpeado, despreciado,
                quien sin embargo
sacaba de su pecho y retumbaba más que Píndaro un discurso,
para cantar las Armas y las Letras de los siglos dichosos.

II

Una tarde ya casi anochecida callaron los conjuros sobre el mar.
Fue empujada suavemente la puerta, la del solitario vacío
de aquella alma de aleteante gaviota. Bellos ojos en llama,
carbunclos con el mirar del otro, del Bolívar de fiebre
la envolvieron, y el torbellino de la cabeza rubia
vistió de oro las entrañas de la anciana, colgando en los salones de su
    alma
recamadas cortinas, tapices con escenas de amor, vergeles de erotismo.
Diciendo un verso de Poliziano en su lengua nativa entró el
    Desconocido:
Mi nombre es Garibaldi, dijo, vengo a besar su mano, vengo a suplicarle
que me deje contemplarla desnuda, acariciar lo que Él adoró. Dante
nos ha enseñado a desposarnos con lo inalcanzable, con todo lo
    prohibido.
Voy a desnudarme, señora, para yacer junto a usted. Quiero que su
    cuerpo
pase al mío el calor de aquel Hombre, su furia infantil para hacer el
    amor,
su sed nunca saciada de poseerla a usted en cuerpo y alma y
    cubrirla de hijos.

La levanto, la arranco de esa silla de ruedas que es el trono
de la viuda misma de Dios, la paseo en mis brazos, la llevo hasta el mar,
la balanceo al compás de un rigodón. Sus senos vuelven a ser erectos

como espuelas que elevan hasta el cielo el frenesí del deseo.

                                        Voy a poseerla
como nunca hombre alguno poseyera a Thais o a Ninon. Sólo le ruego,
Doña Manuela, Doña Manuelita, que piense usted en Bolívar
        mientras tanto,
que imagine hallarse entre sus brazos, sentirlo enloquecido por el fuego
que tiene usted encendido para siempre. Aquí estoy desnudo ante usted,
me llamo Giuseppe, Giuseppe Garibaldi, quiero ser para usted
        únicamente
el joven que bailaba como nadie el rigodón en las fiestas de Quito.

                                        El joven
que sólo aherrojado por los brazos de usted alcanzó a descubrir
el sabor y el perfume de la vida.

Oscar Wilde dicta en Monmartre a Toulouse-Lautrec la receta del cocktail bebido la noche antes en el salón de Sarah Bernhardt

(Según Roland Dorgeles, en casa de Sarah bebieron esa noche un raro cocktail. Un hombre preguntó cómo se hacía. Y Sarah dijo:" Este es un secreto de Oscar. Oscar,¿ querría usted darle en privado la receta a mi dulce amigo el señor de Toulouse-Lautrec?")

"Exprima usted entre el pulgar y el Índice un pequeño limón verde
traído de la Martinica. Tome el zumo de una piña
cultivada en Barbados por brujos mexicanos. Tome
dos o tres gotas de elixir de maracuyá, y media botella
de un ron fabricado en Guayana para la violenta sed
de nuestros marinos, nietos de Walter Raleigh.
Reúna todo eso en una jarra de plata, que colocará
por media hora ante un retrato de la Divina Sarah.
Luego procure que la mezcla sea removida
por un sirviente negro con ojos color violeta.
Sólo entonces añadirá, discretamente,
dos gotas de licor seminal de un adolescente,
y otras dos de leche tibia de cabra de Surinam,
y dos o tres adarmes de elixir de ajonjolí,
que vosotros llamáis sésamo, y Haroum-Al-Raschid llama tajina.
Convenientemente refrescado todo eso,
ha de servirlo en pequeños vasos de madera de madera
de caoba antillana, como nos lo sirviera anoche
la Divina Sarah. Y nada más, eso es todo: eso,
Señor Toulouse, es tan simple
como bailar un cancán en las orillas del Sena".

(Poemas invisibles, Madrid, 1991)

Nota: Para esta breve selección de poemas de Gastón Baquero, he usado -principalmente- dos antologías. Me refiero a *Poesía Completa* de Gastón Baquero (Madrid: Verbum, 1998 y 2013) y a *Gastón Baquero, la patria sonora de los frutos* (La Habana: Editorial Letras Cubanas, 2001), selección, prólogo, notas y compilación del Apéndice de Efraín Rodríguez Santana. También he revisado otras dos antologías que merecen ser mencionadas: *Gastón Baquero. Poesía Completa, 1935-1994* (Salamanca, Fundación Central Hispano, 1995)- Edición a cargo de Alfonso Ortega Carmona y Alfredo Pérez Alencart, y *Gastón Baquero. Palabra inocente. Antología poética, 1935-1997* (Madrid: Visor, 2017). Edición a cargo de Carlos Javier Morales. F. L.

***

ÍNDICE

Felipe Lázaro

AL PIE
DE LA MEMORIA

Antología de poetas cubanos
muertos en el exilio (1959-2002)

BETANIA

Al pie de la memoria.
Antología de poetas cubanos muertos en el exilio, 1959-2002 (2003).

Este libro de la colección Palabra Viva
se terminó de imprimir
el día 28 de enero de 2019.

Felipe Lázaro

GASTÓN BAQUERO:
LA INVENCIÓN
DE LO COTIDIANO

Prólogo de José Olivio Jiménez
Prefacio de Efraín Rodríguez Santana
Epílogo de Bladimir Zamora Céspedes

BETANIA

Gastón Baquero: la invención de lo cotidiano (2001).

editorial **BETANIA**

Fundada en 1987
Apartado de Correos 50.767 Madrid 28080 España.
E-mail: ebetania@gmail.com. / Blog: http://ebetania.wordpress.com

Colección PALABRA VIVA:

Conversación con Gastón Baquero, de Felipe Lázaro, 40 pp., 1987.

Conversación con Reinaldo Arenas, de Francisco Soto, 72 pp., 1990.

Conversación con Gastón Baquero, de Felipe Lázaro, 88pp., 1994. 2ª edición: Prólogo de Juan Gustavo Cobo Borda. Epílogo de José Prats Sariol.

Entrevistas a Gastón Baquero, de VV. AA. (Felipe Lázaro, Carlos Espinosa Domínguez, Bladimir Zamora Céspedes, Efraín Rodríguez Santana, Alberto Díaz Díaz y Niall Binns), 104 pp., 1998. Prólogo de Pedro Shimose. Epílogo de Pío E. Serrano.

Conversaciones con Gastón Baquero, de Felipe Lázaro, 78 pp., 2012. Prólogo de Alfredo Pérez Alencart, Prefacio de Jorge Luis Arcos y Epílogo de León de la Hoz . Edición impresa: 80 pp., 2014.

Made in the USA
Middletown, DE
22 November 2019